राष्ट्रजीवन दर्शन के निर्माता

पण्डित दीनदयाल उपाध्याय

लेखक

डॉ. अनिल सैनी

मनोज कुमार धानिया

Title   : Raashtrajeevan Darshan ke Nirmata - Pandit Deendayal Upadhyay

Author : Dr. Anil Saini, Manoj Kumar Dhania

Edition : First (September, 2024)

ISBN   : 9788197950568

Copyright © 2024, All Rights Reserved by Author

Published by

Regd. Add.: 254, Khuriyakhatta No. 10, Bindukhatta,
Lalkuan, Nainital - 262402, Uttarakhand, India
Website : www.prachidigital.com
E-mail : info@prachidigital.in
Phone : +91 976041 7980, +91 976041 8103

Printed by :

Manipal Technologies Limited, Bengaluru - 560001, Karnataka

COPYRIGHT NOTICE & PUBLISHER DISCLAIMER

Copyright rights of this book including compositions, descriptions, statements, opinions included in this book are reserved by the author, so no any part of this book shall be reproduced partially electronic or mechanical (including film, serial, photographic, without the written permission of the author Recording, any newspaper, magazine, literary portal news portal, blog or translation into another language) in any manner whatsoever without written permission from the author, except in the case of brief quotations embodied in critical articles and reviews. If a person or institution attempts to do so, they will be responsible for the legal action.

Disclaimer : This book has been published with all efforts taken to make the material error-free after the consent of the author. However, the author and the publisher do not assume and hereby disclaim any liability to any party for any loss, damage, or disruption caused by errors or omissions, whether such errors or omissions result from negligence, or any other cause. While every effort has been made to avoid any mistake or omission, this publication is being sold on the condition and understanding that neither the author nor the publishers or printers would be liable in any manner to any person by reason of any mistake or omission in this publication or for any action taken or omitted to be taken or advice rendered or accepted on the basis of this work. For any defect in printing or binding, the publisher will be liable only to replace the defective copy by another copy of this book then available through the same seller or distributor where purchased it.

एक राष्ट्र लोगों का एक समूह होता है जो 'एक लक्ष्य', 'एक आदर्श', 'एक मिशन' के साथ जीते हैं और एक विशेष भूभाग को अपनी मातृभूमि के रूप में देखते हैं, यदि आदर्श या मातृभूमि दोनों में से किसी का भी लोप हो तो एक राष्ट्र सम्भव नहीं हो सकता।

– पंडित दीनदयाल उपाध्याय

अनुक्रमणिका

लेखकीय

भारतीय राजनीति के शिखरपुरुष और भारतीय जनसंघ के संस्थापक सदस्य पंडित दीनदयाल उपाध्याय एक ऐसे व्यक्तित्व जिनके बिना वर्तमान भारतीय राजनीति की कल्पना अधूरी सी लगती है। पंडित दीनदयाल उपाध्याय को भारतीय राष्ट्रजीवन के निर्माता, एकात्म मानववाद के सर्जनकर्ता, गम्भीर दार्शनिक, गहन चिंतक, समर्पित संगठनकर्ता, राजनेता, समाजसेवी, समाजशास्त्री एवम् सार्वजनिक जीवन में व्यक्तिगत शुचिता एवं गरिमा के उच्चतम आयाम स्थापित करने वाले व्यक्तित्व के रूप में वर्तमान सामाजिक और राजनीतिक क्षेत्र में सर्वाधिक महत्वपूर्ण और प्रासंगिक विचारधारा माना जाता है।

आजादी के पश्चात देश के समक्ष जब वैचारिक शून्यता का वातावरण बन रहा था, जब देश यह सोचने को मजबूर था, कि स्वतंत्रता के पश्चात भारत का भविष्य क्या होगा? वो कौनसी नीति और अवधारणा होगी जिस पर चलकर देश पर पुनः विश्व गुरु के रूप में स्थापित किया जा सकता है?

जब समाजवाद, साम्यवाद, पूँजीवाद आदि पश्चिम-प्रदत्त समस्त विचारधाराएं धराशायी हो रही थी, तब भारतीय राजनीतिक विचारधारा के आकाश में एक सूर्य की भांति चमक कर देश और दुनिया को नवीन दिशा दिखाने का काम पंडित दीनदयाल उपाध्याय जी ने किया। उन्होंने 'एकात्म मानववाद' जैसे कालजयी सिद्धांत का सृजन किया। इसके विषय में उन्होंने कहा, "मानव न केवल व्यक्ति है, मानव न केवल समाज है, वरन् मानव

व्यक्ति और समाज की एकात्मता में से पैदा होता है। व्यक्ति और समाज को बाँट दें तो मानव मर जाता है। अस्तित्व में ही नहीं आता। व्यष्टि और समष्टि यह एकात्म इकाई है। इस एकात्म इकाई का नाम मानव है और इसलिए मानव को सुखी करना है तो व्यक्तिवादी होकर नहीं कर सकते, क्योंकि व्यक्तिवादी समाज की उपेक्षा करता है। समाजवादी होकर भी नहीं कर सकते, क्योंकि समाजवाद व्यक्ति के व्यक्तित्व को कुचल देता है।" स्पष्ट है कि दीनदयालजी के लिए न तो केवल व्यक्ति का हित प्रमुख था और न ही केवल समाज का; वे दोनों को एकात्मता प्रदान कर उनको एक-दूसरे के संपूरक के रूप में स्थापित करने पर विश्वास करते थे।

यह सर्वविदित है कि समय किसी का इंतजार नहीं करता, वह अबाध गति से आगे बढ़ता रहता है जो समय के साथ कदम मिलाकर चलते हैं, प्रगति के पथ पर निरंतर आगे बढ़ते चले जाते हैं और जो समय के साथ-साथ कदम चाल नहीं कर पाते उनका अस्तित्व काल का ग्रास बनता चला जाता है। लेकिन कुछ विलक्षण व्यक्तित्व ही ऐसे होते हैं जो जीते जी तो समय के साथ कदमचाल करके अपना सर्वश्रेष्ठ जीवन समाज को समर्पित करते है, लेकिन मरणोपरान्त उनकी विचारधारा समय की सारी सीमाओं को तोड़कर अजर-अमर रूप में आने वाली पीढ़ियों के लिए प्रेरणा स्रोत बन जाती हैं। पंडित दीनदयाल उपाध्याय जी तथा उनके विचार देश और दुनिया की समकालीन जरूरतों के लिए काफी प्रासंगिक है।

किसी भी राष्ट्र और समाज का उन्नयन केवल नारों या किसी खास विचारधारा से नहीं हो सकता जब तक कि मानवीय संवेदनाओं से ओत-प्रोत ध्येयवादी समर्पित जीवन उसके लिए ना खपे। पंडित दीनदयाल उपाध्याय जी का जीवन इस कसौटी पर पूर्णतः खरा था।

पण्डित दीनदयाल उपाध्याय जी का चिन्तन शाश्वत विचारधारा से जुड़ा है। इसके आधार पर उन्होंने राष्ट्रभाव को समझने का प्रयास करते हुए समस्याओं पर विचार किया। उन्होंने मानवमात्र से जुड़े सभी प्रश्नों की समाधानयुक्त विवेचना अपने वैचारिक लेखों में की है। पण्डित दीनदयाल उपाध्याय जी का आर्थिक चिन्तन उस समय जितना समाचीन था उतना ही आज भी है। कोई भी नीति निर्धारक संगठन या सरकार जो गरीबों के लिए कल्याणकारी योजनाएं लाना चाहती है एवं मानव कल्याण के मार्ग में प्रशस्त होना चाहती

है, उसे दीनदयाल जी के एकात्म मानववाद एवं अंत्योदय के आर्थिक चिन्तन को आधार बनाना होगा।

वर्तमान केन्द्र सरकार की आर्थिक एवं मानव कल्याणकारी नीतियां अत्यन्त प्रभावकारी हैं। जिनमें भविष्य की ऐसी झलक दिखाई देती है। जिससे मानव कल्याण के लिए एक रचनात्मक एवं प्रगतिशील परिस्थितियां उत्पन्न की जा सकें अपितु मानव कल्याण के स्थायी विकास को सकारात्मक दिशा दी जा सके।

भारत में 25 सितम्बर को पं. दीनदयाल उपाध्याय जी का जयंती समारोह अन्त्योदय दिवस के रूप में मनाया जाता है। यह पुस्तक भी उनके जयंती दिवस के ऊपर प्रकाशित की जा रही है। यह पुस्तक न केवल दीनदयाल जी जीवन के बारे में बताती है, बल्कि उनके सम्पूर्ण व्यवहार कर्म को भी प्रस्तुत करती हुई उनके जीवन के उन सभी पहलुओं से अवगत कराती है जिनके बारे में आज सर्वाधिक चिन्तन की आवश्यकता है। इस पुस्तक में उनके समस्त चिन्तन, सिद्धांत और व्यवहार को और अधिक गहनता व स्पष्टता के साथ समझने की कोशिश की गयी है।

आशा करता हूं कि इस पुस्तिका से युवा छात्र व पंडित दीनदयाल उपाध्याय के विचारों में रुचि रखने वाले सामान्य व्यक्ति व समस्त कार्यकर्ता लाभान्वित होंगे।

जय हिन्द !

डॉ. अनिल सैनी

जीवनकाल

भारतीय राष्ट्रजीवन के निर्माता, 'एकात्म मानववाद' के सर्जनकर्ता, गम्भीर दार्शनिक, गहन चिंतक, समर्पित संगठनकर्ता, राजनेता, समाजसेवी एवम् सार्वजनिक जीवन में व्यक्तिगत शुचिता एवं गरिमा के उच्चतम आयाम स्थापित करने वाले पंडित दीनदयाल उपाध्याय जी का जन्म 25 सितम्बर सन् 1916 (आश्विन कृष्ण त्रयोदशी, संवत 1973) में चंद्रभान, फ़राह, जिला मथुरा, उत्तर प्रदेश में हुआ था। उनके परिवार के सदस्य उन्हें स्नेहपूर्वक 'दीना' कहकर ही पुकारते थे। वह एक मध्यम वर्गीय परिवार से थे। उनके पिता का नाम श्री भगवती प्रसाद और माता का नाम रामप्यारी था। उनके परदादा पंडित हरिराम उपाध्याय एक प्रसिद्ध विद्वान थे। पं. हरिराम उपाध्याय के तीन पुत्र थे-पं. भूदेव उपाध्याय, पं. रामप्रसाद उपाध्याय तथा पं. रामप्यारे उपाध्याय। पं. रामप्रसाद उपाध्याय के पुत्र थे- पं. भगवती प्रसाद उपाध्याय और पं. भगवती प्रसाद उपाध्याय रेलवे में कर्मचारी थे। उनका विवाह राजस्थान के धनकियाँ ग्राम में पं. चुन्नीलाल की पुत्री रामप्यारी से हुआ था। रेलवे में सहायक स्टेशन मास्टर के पद पर होने के कारण पंडित जी के पिता ज़्यादातर घर से दूर रहते थे। धार्मिक सोच रखने वाली रामप्यारी ने भगवती प्रसाद की गैर मौजूदगी में घर को बखूबी संभाला। श्रीमती रामप्यारी के पिता पं. चुन्नीलाल शुक्ल भी स्टेशन मास्टर थे। पं. चुन्नीलाल शुक्ल का पैतृक घर अर्थात् श्रीमती रामप्यारी का मायका तथा दीनदयालजी का ननिहाल आगरा जिले में फतेहपुर- सीकरी के पास 'गुड़ की मंड़ई' नामक ग्राम में था।

पंडित दीनदयाल उपाध्याय जी की कुंडली का अध्ययन करने वाले एक ज्योतिषी ने भविष्यवाणी की थी कि यह बालक एक महान विद्वान और विचारक, निस्वार्थ कार्यकर्ता और एक प्रमुख राजनीतिज्ञ बनेगा – लेकिन वह विवाह नहीं करेगा। कुछ समय बाद इनके घर इनके छोटे भाई शिवदयाल का जन्म हुआ। जब दीनदयाल उपाध्याय की आयु महज ढ़ाई साल की थी, तब उनके पिता का स्वर्गवास हो गया। पिता का साया सिर से उठ जाने के बाद बच्चों को माता के स्नेह और ममत्व की सबसे अधिक आवश्यकता थी। परंतु काल

का क्रूर चक्र अपनी चाल चल रहा था; मानो प्रकृति ने दीना की सभी खुशियों को छीन लेने का संकल्प कर लिया था। दुःखी मन से बच्चों के भविष्य की चिंता करते रहने के कारण माँ भी बीमार हो गईं। उनको टी.बी. हो गई, जिसके कारण उनका स्वास्थ्य दिन-पर-दिन बिगड़ता चला गया। लगभग चार वर्ष बाद 8 अगस्त, 1924 के दिन उसके जीवन में एक और वज्राघात हुआ। काल के क्रूर पंजों ने माता रामप्यारी को दबोच लिया। पुत्रों को अनाथ छोड़कर माता रामप्यारी ईश्वर को प्यारी हो गई। पहले पिता नहीं रहे और फिर माँ भी छोड़कर चली गई। उस समय पंडित जी की आयु केवल आठ वर्ष थी। उनके मन को गहरा धक्का लगा। जिसके बाद नाना भी दुखी मन से नौकरी छोड़कर बच्चों को लेकर अपने गाँव चले आए। वहाँ उन्हें नाना-नानी और परिवार के सभी लोगों का खूब प्यार मिला। परन्तु 10 वर्ष की आयु में उनके नानाजी का भी देहांत हो गया। नाना जी के गुजर जाने के बाद उनके मामा ने इनका पालन-पोषण बिल्कुल अपने बच्चों की तरह करना शुरू कर दिया। छोटी-सी उम्र में ही दीनदयाल जी के ऊपर ख़ुद की देख-भाल के साथ-साथ अपने छोटे भाई को सम्भालने की जिम्मेदारी आ गयी। कोई आम मनुष्य इन विपदाओं के आगे घुटने टेक देता, लेकिन दीनदयाल जी तो अलग ही मिट्टी के बने थे। दुखों का पहाड़ टूटने के बावजूद भी उन्होंने कभी हार नहीं मानी और सकारात्मकता के साथ आगे बढ़ते रहे।

पं. दीनदयाल उपाध्याय के आरंभिक जीवन को देखा जाए तो वे ऐसी अनगढ़ मूर्ति के रूप में प्रतीत होते हैं, जिसे ईश्वर रूपी मूर्तिकार ने समय-समय पर शोक रूपी छेनी से तराशा हो। साधारण मनुष्य परिवार के मोह में पड़कर सांसारिक बंधनों में जकड़ जाता है। इसके कारण उसका संपूर्ण जीवन दैनिक आवश्यकताओं की पूर्ति में ही व्यतीत होकर व्यर्थ चला जाता है। लेकिन जिन पुण्यात्माओं का जन्म समाज के कल्याण एवं उद्धार के लिए होता है, ईश्वर स्वयं ही उनके मार्ग को प्रशस्त करता है। शायद ऐसा ही कुछ दीनदयालजी के साथ हुआ। उनका जन्म भौतिक सुखों के लिए नहीं, अपितु समाज-सुधार के लिए हुआ था। इसलिए सामाजिक जीवन आरंभ करने से पूर्व ही उनके मार्ग के समस्त कंटक स्वतः हटते चले गए।

बालक दीना ने गंगापुर के एक छोटे से विद्यालय में प्रारंभिक शिक्षा प्राप्त की। इस

विद्यालय में शिक्षा की व्यवस्था केवल छठी कक्षा तक ही थी। इससे आगे पढ़ने के लिए विद्यार्थी आस-पास के बड़े शहरों में जाते थे। इसलिए छठी कक्षा उत्तीर्ण करने के बाद दीना को भी राजस्थान के कोटा शहर में भेज दिया गया। वहाँ एक हॉस्टल में रहकर पंडित जी शिक्षा ग्रहण करने लगे। यहीं से पंडित जी ने सातवीं कक्षा उत्तीर्ण की। पंडित जी के चचेरे मामा श्रीनारायण शुक्ल राजगढ़ के स्टेशन मास्टर थे। वे उससे बहुत स्नेह करते थे। एक बार वे उससे मिलने कोटा आए। वहाँ पंडित जी की अस्वस्थता देखकर वे विचलित हो उठे। उन्होंने उसी समय उन्हें अपने साथ राजगढ़ चलने के लिए कहा। पंडित जी का स्वास्थ्य दिन-प्रतिदिन बिगड़ता जा रहा था। अतः उन्होंने उनका प्रस्ताव स्वीकार कर लिया और सामान समेटकर मामा के साथ राजगढ़ आ गया। कुछ दिन बाद ही उन्होनें वहाँ के विद्यालय में आठवीं कक्षा में दाख़िला ले लिया। इस प्रकार पंडित जी की शिक्षा का क्रम बिना रुके निरंतर चलता रहा। पंडित जी ने आठवीं की कक्षा अच्छे अंकों से उत्तीर्ण की। उसकी योग्यता और लगन से अध्यापकगण अत्यंत प्रभावित थे। लेकिन वे जानते थे कि पंडित जी जैसे होनहार छात्र के लिए राजगढ़ का छोटा सा विद्यालय उपयुक्त नहीं है। अंततः एक दिन एक अध्यापक ने उज्ज्वल भविष्य के लिए पंडित जी को सीकर जाकर शिक्षा ग्रहण करने का परामर्श दिया।

शिक्षा प्राप्त करने के लिए पंडित जी ने सीकर, राजस्थान के श्री कल्याण विद्यालय में दाख़िला लिया, जहां हाई स्कूल की बोर्ड परीक्षा में उन्होंने टॉप किया। इस उपलब्धि के लिए सीकर के महाराजा कल्याण सिंह ने उन्हें गोल्ड मेडल से सम्मानित किया, साथ-ही-साथ 10 रूपये प्रति मास की छात्रवृति और 250 रूपये किताबों के लिए भी भेंट किये। अब तक पंडित जी की शिक्षा का सारा भार उसके मामा राधारमण शुक्ल ही वहन कर रहे थे। उनकी आर्थिक स्थिति अधिक अच्छी नहीं थी। इसके बारे में पंडित जी भली-भाँति परिचित था। इसलिए वे जल्दी-से- जल्दी आत्मनिर्भर बनना चाहते थे, जिससे शिक्षा पर होने वाला खर्च वह स्वयं उठा सके। छात्रवृति मिलने से उसकी यह समस्या हल हो गई। दीनदयाल जी बचपन से ही बुद्धिमान और मेहनती थे।

उन दिनों राजस्थान के पिलानी में स्थित बिड़ला कॉलेज को उच्च कोटि के शिक्षण-संस्थानों में से एक माना जाता था। पंडित जी की हार्दिक इच्छा थी कि वह इस कॉलेज में

शिक्षा ग्रहण करे। उन्होंने मामा राधारमण शुक्ल को अपनी इच्छा बताई। वे भी चाहते थे कि दीना बिड़ला कॉलेज में पढ़े। परंतु जहाँ धनाढ्य एवं उच्च घरों के छात्र शिक्षा ग्रहण करते थे, उस कॉलेज में उसे प्रवेश मिलना कैसे संभव होगा, यह उनके लिए चिंता का विषय था। लेकिन उनकी यह चिंता भी शीघ्र ही दूर हो गई। बिड़ला कॉलेज के प्रिंसिपल दीनदयाल जी की प्रतिभा के बारे में सुन चुके थे। हाई स्कूल की परीक्षा में प्रथम आकर तथा सीकर महाराज द्वारा सम्मानित होने के बाद वह राजस्थान के कोने-कोने में प्रख्यात हो चुके थे। इसलिए जब उन्होंने दाखिले का फॉर्म भरा तो बिना किसी अवरोध के फॉर्म स्वीकृत कर लिया गया। पंडित जी ने अपनी इंटर की शिक्षा बिरला कॉलेज, पिलानी से की तो वहीं सनातन धर्म कॉलेज, कानपुर से 1939 में ग्रेजुएशन की डिग्री फर्स्ट डिवीज़न से प्राप्त की। अपनी पढ़ाई को उन्होंने आगे जारी रखने के लिए सेंट जॉन्स कॉलेज, आगरा में दाखिला लिया और वहां से वे अंग्रेजी साहित्य में MA की पढाई करने लगे। उन्होंने एम.ए प्रथम वर्ष की परीक्षा प्रथम श्रेणी में उत्तीर्ण की किन्तु ममेरी बहन के अचानक बीमार पड़ जाने के कारण वे उनकी सेवा में व्यस्त हो गये और MA की पढाई अधूरी छोड़ दी। अपने मामा जी के कहने पर पंडित जी प्रशासनिक परीक्षा में बैठे, उत्तीर्ण हुए, साक्षात्कार में भी चुन लिए गए लेकिन नौकरी में रूचि ना होने के कारण वे एल.टी की पढाई करने प्रयाग (इलाहाबाद) चले गए। सन 1942 में उन्होंने एल.टी परीक्षा भी प्रथम श्रेणी में उत्तीर्ण कर ली, यह उनके विद्यार्थी जीवन का आखिरी सोपान था। इसके बाद उन्होंने न विवाह किया और ना ही धनोपार्जन का कोई कार्य किया बल्कि अपना सम्पूर्ण जीवन राष्ट्र निर्माण और सार्वजनिक सेवा में लगा दिया।

पं. दीनदयाल जी का शैक्षिक जीवन खुले आकाश में उड़नेवाले एक उन्मुक्त पंछी की तरह रहा, जिसने स्थान-स्थान पर जाकर ज्ञान रूपी सरिता का पान किया। गंगापुर, रायगढ़, सीकर, पिलानी, कानपुर, आगरा उनके जीवन के अत्यंत महत्त्वपूर्ण पड़ाव थे। इन्हीं स्थानों पर रहते हुए उन्होंने अंतर्मन में ज्ञान की ज्योति प्रज्वलित की। चूँकि विभिन्न स्थानों की सामाजिक परिस्थितियों का उन पर गहरा प्रभाव पड़ा था, इसलिए ज्ञान के साथ-साथ उनमें देशभक्ति, पराक्रम, निडरता, साहस और समाज कल्याण की भावना का भी उदय हुआ।

वर्ष 1937 में कानपुर में अपनी बी.ए. की पढ़ायी के दौरान वे अपने सहपाठी श्री बालूजी महाशब्दे और श्री सुंदर सिंह भंडारी के साथ मिलकर समाज सेवा करने लगे। इन्ही दिनों वे राष्ट्रीय स्वयंसेवक संघ (RSS) के संस्थापक डॉ. हेडगेवार व संघ कार्यकर्त्ता भाऊराव देवरस से संपर्क में आये। आर.एस.एस की विचारधारा से प्रभावित हो कर वे संघ से जुड़ गए। संघ की शिक्षा का प्रशिक्षण प्राप्त करने के लिए वे 1939 में आर.एस.एस के 40 दिवसीय नागपुर शिविर का हिस्सा बने। चालीस दिनों तक चलने वाला यह शिविर नागपुर में लगता था। शिक्षण के बाद विभिन्न विषयों से संबंधित परीक्षाएँ ली जाती थीं, जिनमें सामान्य ज्ञान से संबद्ध परीक्षा भी होती थी। इस परीक्षा में दीनदयाल जी ने मौलिक सूझ और योग्यता का परिचय देते हुए गद्य के स्थान पर पद्य माध्यम से प्रश्नों के उत्तर दिए। उनकी इस शैली को शिविर-अधिकारियों द्वारा अत्यंत सराहा गया। इस प्रकार पं. दीनदयाल उपाध्याय का संघ जीवन आरंभ हुआ, जो जीवनपर्यंत चलता रहा।

बी.ए. की परीक्षा उत्तीर्ण करने के बाद जब दीनदयाल एम.ए. करने के लिए आगरा गए तो वहाँ भी राष्ट्रीय स्वयंसेवक संघ के प्रति अपने कर्तव्यों का पूरी निष्ठा से निर्वाह करते रहे। अभी तक आगरा के स्थानीय निवासी राष्ट्रीय स्वयंसेवक संघ को एक हिंदू संस्था के रूप में ही जानते थे। यद्यपि उन्होंने संघ के कार्यों के बारे में थोड़ा-बहुत सुन रखा था, तथापि उसके मूलभूत सिद्धांतों से वे पूरी तरह अनभिज्ञ थे। इसलिए अन्य राज्यों की भाँति आगरा में संघ की जड़ें नहीं फैली थीं। अतः दीनदयालजी ने वहाँ संघ को स्थापित करने का बीड़ा उठा लिया। इसके लिए वे आगरा में संघ की शाखा स्थापित करने का निश्चय कर चुके थे। आगरा में 'राजा की मंडी' नामक एक प्रसिद्ध क्षेत्र है। आगरा- निवासी किसी-न-किसी रूप में इस क्षेत्र से जुड़े हुए हैं। दीनदयालजी जिस छात्रावास में रह रहे थे, वह भी इसी क्षेत्र में था। इससे शाखा को बिना किसी व्यवधान के सुचारु रूप से चलाया जा सकता था। इसलिए संघ-शाखा के लिए यह स्थान सर्वथा उपयुक्त था। अंततः सन् 1939 में दीनदयाल ने अपने कुछ मित्रों को एकत्र कर राजा की मंडी में संघ की प्रथम शाखा शुरू की। अपनी सहृदयता, सहनशीलता, लगन तथा अथक प्रयासों द्वारा वे लोगों को संघ के सिद्धांतों से अवगत करवाते हुए उन्हें शाखा में सम्मिलित होने के लिए प्रेरित करने लगे। धीरे-धीरे दीनदयालजी की मेहनत रंग लाई और आगरा में संघ की ख्याति

बढ़ने लगी। कुछ ही महीनों में अनेक लोग संघ से जुड़ गए। उनकी इस उपलब्धि पर संघ के प्रमुख नेताओं ने मुक्त कंठ से उनकी प्रशंसा की। उनके कार्यों को सम्मान देने हेतु माननीय बापूराव मोघे, नानाजी देशमुख एवं बापू जोशी जैसे नेता आगरा आए और दीनदयालजी को अपने सानिध्य से सबल व प्रेरित किया। अब तक दीनदयालजी सभी के प्रिय बन चुके थे।

सन् 1945 में उत्तर प्रदेश जैसे विशाल जनसंख्या वाले राज्य में संघ को एक सह-प्रांत प्रचारक की आवश्यकता थी। एक ऐसा युवा प्रचारक, जो अपने जोश और उत्साह से स्थिर जल में भी हलचल उत्पन्न करने की योग्यता रखता हो। ऐसी स्थिति में सभी की नजरें केवल एक ही युवक पर जाकर स्थिर हो गईं; केवल वही एक युवक था, जिसे अपेक्षाओं की कसौटी पर परखा जा सकता था। वह युवक कोई और नहीं, बल्कि दीनदयाल उपाध्याय थे। उन दिनों श्री भाऊराव देवरस उत्तर प्रदेश के प्रांत प्रचारक थे। शीघ्र ही दीनदयालजी उनके साथ सह-प्रांत प्रचारक के रूप में कार्य करने लगे। इसी दौरान डॉ. कृष्णबिहारी, रामनाथ भल्ला, जय गोपालजी, कृष्णदत्त शर्मा, कुंजबिहारी लाल राठी, सत्यव्रत सिन्हा, वीरेन भाई, रजनीकांत लाहिड़ी, विजय मुंजे, राजाभाऊ सावगाँवकर, मनोहरअठावले, गोपालराव कालिया, जुगादे बंधु, कुरंजकर बंधु, डॉ. पी.के. बनर्जी आदि संघ के वरिष्ठ और कर्मठ कार्यकर्ताओं से उन्हें मिलने का सौभाग्य प्राप्त हुआ।

पुस्तकों के पठन-पाठन, लेखन के अतिरिक्त पं. दीनदयाल उपाध्याय का पत्रकारिता की ओर भी विशेष रुझान था। इसे वे अभिव्यक्ति का सबसे सरल, सटीक और उत्तम साधन मानते थे। इसलिए समय-समय पर उन्होंने अनेक समाचार-पत्रों का प्रकाशन और संपादन किया। इतना ही नहीं, उन्होंने राष्ट्र और समाज को जागरूक करने वाले अनेक उपयोगी लेख भी लिखे। यद्यपि दीनदयाल बहुत समय से लेखों के माध्यम से समाचार-पत्रों से जुड़े हुए थे। ये लेख समाज में क्रांति के बीज बोने का काम कर रहे थे। उनकी लेखनी से निकलने वाला एक-एक शब्द लोगों में राष्ट्र पर मर मिटने का जज्बा पैदा कर देता था। उनकी प्रबल इच्छा थी कि वे अपना भी समाचार-पत्र प्रकाशित करें। वे वर्षों से यह स्वप्न देख रहे थे। अंततः श्री भाऊराव देवरस से प्रेरणा पाकर सन 1947 में पंडित दीनदयाल उपाध्याय जी ने लखनऊ में "राष्ट्रधर्म प्रकाशन" स्थापित किया जिसके अंतर्गत

मासिक पत्रिका "राष्ट्रधर्म" प्रकाशित एवं प्रसारित की जाने लगी। बाद में "पांचजन्य" साप्ताहिक और दैनिक समाचार पत्र "स्वदेश" का भी प्रकाशन यहाँ से हुआ। नानाजी देशमुख प्रकाशन के प्रबंध निदेशक बने, जबकि राधेश्याम कपूर प्रकाशक बने। प्रबंधकों में ज्वालाप्रसाद चतुर्वेदी तथा मनमोहन गुप्त थे। बजरंग शरण तिवारी और जनार्दन राव पावगी प्रेस-व्यवस्थापक बने। इस प्रकार सबके सहयोग से धीरे-धीरे प्रकाशन का कार्य गति पकड़ने लगा। प्रकाशन का मुख्य उद्देश्य हिन्दू विचारधारा को बढ़ावा देना था। हम सबको जानकर आश्चर्य व ख़ुशी होगी कि ये सभी प्रकाशन आज तक चल रहे हैं। "पांचजन्य दिल्ली से तो स्वदेश और राष्ट्रधर्म लखनऊ से प्रकाशित होते हैं। स्वदेश का नाम अब बदलकर "तरुण भारत" कर दिया गया है। यह उल्लेखनीय है कि पंडित जी कभी भी इन प्रकाशनों के प्रत्यक्ष संपादक नहीं रहे, लेकिन वास्तविक संचालक, संपादक, व आवश्यकता होने पर उसके कम्पोजीटर, मशीनमैन व छोटे-बड़े सभी काम उन्होंने खुद किये। वह छोटे से छोटा काम भी अपनी प्रतिष्ठा के विरुद्ध नहीं मानते थे। वे हमेशा कार्य को महत्त्व देते थे ना कि पद और स्तर को। दीनदयालजी द्वारा प्रकाशित तीनों पत्र समाज को राष्ट्रीय स्वयंसेवक संघ के सिद्धांतों, नीतियों और उद्देश्यों से अवगत कराने का कार्य कर रहे थे। ये पत्र संघ को देश के कोने-कोने तक पहुँचाने का पर्याय बन चुके थे। इनके माध्यम से लोगों में संघ का स्वरूप स्पष्ट होने लगा। दूर-दराज के क्षेत्रों में, जो लोग संघ के नाम से भी अपरिचित थे, अब उसके बारे में विस्तृत रूप से जानकारी पाकर उसकी ओर आकृष्ट होने लगे। इसका श्रेय पत्रों में प्रकाशित होने वाले दीनदयालजी के उन लेखों को भी जाता है, जिन्होंने जनसाधारण में नवचेतना का संचार किया।

सन् 1947 से 1949 के इन दो वर्षों में 'राष्ट्रधर्म', 'पाञ्चजन्य' और 'स्वदेश' में उनके अनेक लेख प्रकाशित हुए। उनमें व्यंग्य, ऐतिहासिक, राजनीतिक, सांस्कृतिक- सभी प्रकार के लेख सम्मिलित थे। इस लेखों के अतिरिक्त 'ऑर्गेनाइजर' में 'पॉलिटिकल डायरी' के रूप में वे नियमित लेख लिखा करते थे। इनके द्वारा उन्होंने जिन विचारों को राष्ट्र और समाज के सामने रखा, वे अतुलनीय और समाजोपयोगी थे। लेखों के साथ-साथ दीनदयालजी ने इतिहास के दो महानायकों के जीवन-चरित्र और उनके आदर्शों को अपनी लेखनी के माध्यम से पुस्तक-रूप में उतारा। ये महानायक थे- 'सम्राट् चंद्रगुप्त'

तथा 'जगद्गुरु शंकराचार्य'। चंद्रगुप्त पर लिखी गई पुस्तक भारत में अत्यंत लोकप्रिय हुई। पुस्तक की लोकप्रियता देखते हुए उसे विभिन्न भाषाओं में प्रकाशित किया गया। इसमें दीनदयालजी ने ऐतिहासिक तथ्यों में विभिन्नता होने की बात को स्पष्ट किया है। उनके अनुसार, "कुछ घटनाओं का वर्णन पाश्चात्य विद्वानों द्वारा लिखे गए इतिहास से मेल नहीं खाता है। लेकिन यह वर्णन कल्पना के आधार पर न होते हुए प्राचीन ग्रंथों तथा भारतीय विद्वानों द्वारा की गई आधुनिक खोजों पर आधारित है। यूरोपीयन विद्वानों द्वारा प्रयत्नपूर्वक तथा उनका अंधानुकरण करने वाले भारतीयों द्वारा अनजाने में फैलाए गए अंधकार को नष्ट करने वाले ऐतिहासिक शोध के सूर्य-प्रकाश में देखी हुई ये सत्य घटनाएँ हैं।"

पंडित दीनदयाल उपाध्याय जी ने इसके बाद कोई उपन्यास नही लिखा लेकिन अपने विचारों को विभिन्न लेखों के माध्यम से रखते रहे, 'राष्ट्र-चिंतन' में उनके प्रमुख 19 भाषणों का संग्रह है–

1. राष्ट्र जीवन की समस्या

2. भारतीय राजनीति की एक मौलिक भूल

3. संविधान का क्या करे?

4. राष्ट्रभाषा की समस्या

5. अखंड भारत साध्य और साधन

6. राष्ट्रीयता का पूर्ण प्रवाह

7. लोकमत का नायक कौन हो?

8. समाजवाद, लोकतंत्र और हिंदुत्ववाद

9. स्वतंत्रता की साधना और सिद्धि

10. लोकतंत्र का भारतीयकरण

11. अर्थनीति का भारतीयकरण

12. विकेंद्रित अर्थव्यवस्था

13. शिक्षा

14. सही शब्द, सही अर्थ

15. राष्ट्रात्मा व विश्वात्मा

16. धर्मराज्य क्या और क्यों?

17. धर्म धारण से है

'राष्ट्र जीवन की दिशा' में उनके 18 लेखों और भाषणों का संग्रह है। इनके प्रमुख विषय हैं-

1. परम सुख का मार्ग

2. मैं और हम

3. राष्ट्र और राज्य

4. राष्ट्र की जीवनदायिनी शक्ति

5. राष्ट्र का स्वरूप : चिति

6. सेकुलर : अर्थ-अनर्थ

7. राष्ट्र : प्रकृति-विकृति

8. लोकमत परिष्कार

9. परं वैभव नयतु मेतत्स्वराष्ट्रम्

10. संगठन का आधार राष्ट्रवाद

11 समाजस्य पूर्ण समाज व्यवस्था

12. व्यक्ति और समाज का संबंध

13. दोऊन शहं म पाई

14. विजय आकांक्षा

15. विकेंद्रीकरण

16. सारांश (जीवन-दर्शन)

17. हमारा राष्ट्रध्वज

18. गुरुपूजा : स्वदेशी-विदेशी

यदि पंडित जी के लेखनी का समीक्षात्मक दृष्टिकोण से विश्लेषण किया जाए तो हम देख सकते है कि उन्होंने राजनीति, इतिहास, आर्थिक, सामाजिक-ऐसा कोई क्षेत्र अछूता नहीं छोड़ा था, जिसमें उन्होंने अपनी लेखनी का जादू न चलाया हो। उनकी बौद्धिकता और विद्वत्ता का ही परिणाम था कि प्रत्येक क्षेत्र में उनके लेखन कार्य को समय समय पर

विभिन्न विद्वानों द्वारा सराहना मिली। अपने जीवन में सफ़लता की अनेक सीढियां चढ़ने के बाद पंडित जी ने स्वंय को पूर्ण रूप से देश के प्रति समर्पित कर दिया।

21 सितंबर, 1951 का दिन जनसंघ की संक्षिप्त ऐतिहासिक पृष्ठभूमि में अत्यंत महत्त्वपूर्ण दिन है। इसी दिन दीनदयालजी ने लखनऊ में उत्तर प्रदेश का सम्मेलन आयोजित कर प्रादेशिक जनसंघ की स्थापना की थी। इसी सम्मेलन में उन्होंने जनसंघ को अखिल भारतीय रूप देने का प्रस्ताव रखा, जिसे उपस्थित सर्वमान्य सदस्यों द्वारा सर्वसम्मति से पारित कर दिया गया। इसके परिणामस्वरूप ठीक एक महीने बाद 21 अक्तूबर, 1951 को नई दिल्ली के राघोमल आर्य कन्या उच्चतर माध्यमिक विद्यालय परिसर में भारतीय जनसंघ का राष्ट्रीय सम्मेलन आयोजित हुआ, जिसमें डॉ. श्यामाप्रसाद मुखर्जी की अध्यक्षता में अखिल भारतीय जनसंघ की स्थापना हुई।

जिसके पश्चात 29, 30 व 31 दिसंबर, 1952 में कानपुर में भारतीय जनसंघ का प्रथम अखिल भारतीय अधिवेशन आयोजित किया गया। अब तक पं. दीनदयालजी की कर्मठता तथा नेतृत्व क्षमता से डॉ. श्यामाप्रसाद अच्छी तरह से परिचित हो चुके थे। संघ प्रचारक के रूप में वे लाखों लोगों के पथ प्रदर्शक बने थे। वस्तुतः समाज के बीच वे एक ऐसे केंद्रबिंदु थे, जिनकी वाणी की चुंबकीय शक्ति से लोग सहज ही उनकी ओर खिंचे चले आते थे। उनके इन्हीं गुणों एवं क्षमता को ध्यान में रखते हुए डॉ. श्यामाप्रसाद ने उन्हें जनसंघ का 'राष्ट्रीय महामंत्री' नियुक्त कर दिया। वे सन् 1967 तक इस पद पर बने रहे। यहीं से अखिल भारतीय स्तर पर पंडित जी की राजनैतिक यात्रा प्रारंभ हुई। पंडित जी ने प्रथम अधिवेशन में ही अपनी वैचारिक क्षमता का परिचय देते हुए 7 प्रस्ताव प्रस्तुत किये और सभी को पारित कर दिया गया। उनकी कार्यक्षमता, परिश्रम और परिपूर्णता के गुणों से प्रभावित हो कर डॉ.श्यामा प्रसाद मुखर्जी ने कहा था-यदि मुझे ऐसे दो दीनदयाल मिल जाएं तो मैं देश का राजनीतिक नक्शा बदल दूंगा। पंद्रह वर्षों की इस समयावधि में उन्होंने अपनी जिम्मेदारियों का निस्स्वार्थ भाव से पालन किया। उनकी अगुवाई ने राष्ट्र को एक नई सोच, एक नई दिशा, एक नया रूप दिया।

सन् 1951 में पं. दीनदयाल उपाध्याय का राजनीतिक जीवन उत्तर प्रदेश जनसंघ इकाई के महामंत्री बनने के साथ आरंभ हुआ। बाद में सन् 1952 में वे राष्ट्रीय महामंत्री

नियुक्त हुए। तब से लेकर सन् 1967 तक इस पद पर आसीन रहते हुए वे निरंतर राष्ट्र-सेवा करते रहे। इन पंद्रह वर्षों की समयावधि में उन्होंने अनेक उतार-चढ़ाव देखे, कई समस्याओं से दो-चार हुए, राजनीतिक षड्यंत्रों एवं कूटनीतियों को झेला, सहयोगियों के असहयोग को झेला; लेकिन इतना सबकुछ होते हुए भी उन्होंने कभी हार नहीं मानी। परिस्थितियों से डरकर पीछे हटना तो उन्होंने सीखा ही नहीं था। इसी जुझारू प्रवृत्ति ने उन्हें ऐसी ऊँचाई पर लाकर खड़ा कर दिया था, जहाँ उनका व्यक्तित्व आकाश छूने लगा। विघटन का दर्द झेलने के बाद पुनर्निर्माण का दौर जनसंघ के लिए शक्तिवर्धक सिद्ध हुआ। दीनदयालजी की नीतियों एवं परिश्रम ने जनसंघ में नए प्राण फूंक दिए और उसका चहुँमुखी विस्तार होने लगा। ऐसे में जनसंघ को ऐसे नेता की आवश्यकता अनुभव हुई, जो देशवासियों की उम्मीदों पर खरा उतर सके; जिसका ओज, जोश और उत्साह देश को विकास की ओर अग्रसर करे; जिसके मार्गदर्शन में नए राष्ट्रीय आयाम स्थापित हों।

चूँकि दीनदयालजी एकमात्र ऐसे साधक थे, जो जनसंघ के बीज से वृक्ष बनने के साक्षी रहे; न केवल साक्षी रहे, अपितु उसके निर्माण में उन्होंने अपने अनुभव, परिश्रम और साधना का सब कुछ उड़ेल दिया था। राष्ट्रीय स्वयंसेवक संघ को राष्ट्रीयता और भारतीय संस्कृति की उपमा बनाने के लिए जिसने अपना सर्वस्व न्योछावर कर दिया; जो निस्स्वार्थ भाव से राष्ट्र-सेवा में संलग्न रहा; जिसके अथक प्रयासों के कारण ही जनसंघ जीवित था- जनसंघ का नेतृत्व करने के लिए उससे बढ़कर भला कौन हो सकता था। सन् 1967 में अंततः सर्वसम्मति से पं. दीनदयालजी का नाम प्रस्तुत किया गया। 29 दिसंबर 1967 में दक्षिण भारत के कालीकट में जनसंघ का 14वाँ राष्ट्रीय अधिवेशन आयोजित किया गया। इस अवसर पर अंततः पं. दीनदयालजी ने जनसंघ के अध्यक्ष का पद ग्रहण किया।

इस अवसर पर अध्यक्ष पद से दीनदयालजी ने अपने विस्तृत भाषण में देश की अनेक महत्त्वपूर्ण समस्याओं पर प्रकाश डालते हुए कहा, "हमने किसी संप्रदाय या वर्ग की सेवा का नहीं, बल्कि संपूर्ण राष्ट्र की सेवा का व्रत लिया है। सभी देशवासी हमारे बांधव हैं। जब तक हम इन सभी बंधुओं को भारतमाता के सपूत होने का सच्चा गौरव प्रदान नहीं करा देंगे, हम चुप नहीं बैठेंगे। हम भारतमाता को सही अर्थों में सुजलां, सुफलां बनाकर रहेंगे। यह दशप्रहरणधारिणी दुर्गा बनकर असुरों का संहार करेगी; लक्ष्मी बनकर जन-जन को समृद्धि

देगी और सरस्वती बनकर अज्ञानांधकार को दूर कर ज्ञान का प्रकाश फैलाएगी। हिंदमहासागर और हिमालय से परिवेष्टित भरतखंड में जब तक एकरसता, कर्मठता, संपन्नता, ज्ञानवता, सुख और शक्ति की सप्तजाह्ववी का पुण्यप्रवाह नहीं ला पाते, हमारा भागीरथ तप पूरा नहीं होगा। इस प्रयास में ब्रह्मा, विष्णु और महेश सभी हमारे सहायक होंगे। विजय का विश्वास है। तपस्या का निश्चय लेकर चलें। वंदे मातरम् !"

पंडित जी राष्ट्र निर्माण व जनसेवा में इतने लीन थे कि उनका कोई व्यक्तिगत जीवन ही नहीं रहा, बाकी का जीवन आर.एस.एस और जनसंघ को मजबूत बनाने और इन संगठनो के माध्यम से राष्ट्र की सेवा करने में अर्पित कर दिया। दीनदयाल उपाध्याय जी के विचार उन्हें औरों से बिल्कुल अलग साबित करते हैं. उनकी अवधारणा और चिंता का विषय था कि-लम्बे वर्षो की गुलामी के पश्चात कहीं पश्चिमी विचारधारा भारतीय संस्कृति पर हावी न हो जाये। भारत एक लोकतांत्रिक देश बन चुका था, परन्तु पंडित दीनदयाल उपाध्याय जी के मन में भारत के विकास को लेकर चिंता थी। वे मानते थे कि लोकतंत्र भारतीयों का जन्मसिद्ध अधिकार है न कि अंग्रेजो का एक उपहार। उनका मकसद था कि कर्मचारियों और मजदूरों को सरकार की शिकायतों के समाधान पर ध्यान देना चाहिए और प्रशासन का कर्तव्य होना चाहिए कि वे राष्ट्र के प्रत्येक व्यक्ति का सम्मान करे। उनके अनुसार लोकतंत्र अपनी सीमाओं से परे नहीं जाना चाहिए और जनता की राय, उनके विश्वास और धर्म के आलोक में सुनिश्चित करना चाहिए, यही देश की उन्नति और प्रगति के लिए श्रेष्ठ होगा।

पंडित दीनदयाल जी ने एकात्म मानववाद के आधार पर एक ऐसे राष्ट्र की कल्पना कि जिसमे विभिन्न राज्यों की संस्कृतियाँ विकसित हों और एक ऐसा मानव धर्म उत्पन्न हो जिसमे सभी धर्मों का समावेश हो, जिसमे व्यक्ति को सामान अवसर और स्वतंत्रता प्राप्त हो जो एक सुदृढ़, सम्पन्न एवं जागरूक राष्ट्र कहलाये।

पंडित जी के शब्दों में एकात्म मानववाद का सार कुछ इस तरह है-"हमारी सम्पूर्ण व्यवस्था का केंद्र 'मानव' होना चाहिए. जो "यत् पिंडे तत् ब्रह्मांडे" के न्याय के अनुसार समिष्ट का जीवमान प्रतिनिधि एवं उसका उपकरण है। भौतिक चीजें मानव के सुख के साधन हैं, साध्य नहीं। पंडित जी का मानना था कि व्यक्ति का अर्थ सिर्फ उसका शरीर

नहीं है, बल्कि उसका मन, बुद्धि, और आत्मा भी है। यदि इन चारों में से किसी एक को भी उपेक्षा की जाए तो व्यक्ति का सुख विकलांग हो जाएगा."

1951 से 1967, 16 वर्षों तक वे भारतीय जनसंघ के महामंत्री रहे। 29 दिसम्बर 1967 को उन्हें पार्टी का अध्यक्ष चुन लिया गया। पर ये विडम्बना ही कही जायेगी कि पंडित जी सिर्फ 44 दिनों तक ही बतौर अध्यक्ष कार्य कर पाए, जिसके बाद रहस्यमय परिस्थितयों में उनकी मृत्यु हो गयी। मुगलसराय जंक्शन, रेलवे लाइन के किनारे मृत हालत में पंडित जी का शव 11 फ़रवरी, 1968 को पाया गया, वे ट्रेन द्वारा लखनऊ से पटना जा रहे थे। पंडित जी हमेशा पैसेंजर ट्रेन की तृतीय श्रेणी में यात्रा करते थे ताकि वे रास्ते में अधिक से अधिक कार्यकर्ताओं से मिल सकें। ये सफ़र उनका आखिरी सफ़र बन गया। इस ख़बर को सुनकर पूरा देश शोकमय हो गया। दीनदयाल उपाध्याय जी के चाहने वालों के ऊपर मानो अचानक से बिजली टूट पड़ी। देश को एक नयी विचारधारा प्रदान करने वाले पंडित की मृत्यु किस प्रकार हुई यह सवाल आज भी एक पहेली बना हुआ है। इस महान नेता, पत्रकार, साहित्यकार, अर्थशास्त्री, इतिहासकार के पार्थिव शरीर को 12 फ़रवरी, 1968 को श्रद्धांजलि देने के लिए दिल्ली के राजेंद्र प्रसाद मार्ग ले जाया गया, जहां पर लोगों की भीड़ उमड़ पड़ी। भारत की तत्कालीन प्रधानमंत्री इंदिरा गाँधी, राष्ट्रपति डॉ. जाकिर हुसैन और मोरारजी देसाई द्वारा इन्हे श्रद्धांजलि अर्पित की गयी। आज भी पंडित जी लोगों के दिलों-दिमाग में ज़िंदा है। उनके विचार आज भी देश को प्रगति के मार्ग पर ले जा रहे हैं और यह उनकी ही देन है कि देश में लोकतंत्र का मतलब सबके लिए एक समान है। विरासत के तौर पर उनकी याद में कई संस्थानों, विश्वविद्यालयों, अस्पतालों का निर्माण किया गया। परम ब्रह्म में विलीन होने के बाद भी पंडित जी अपनी लेखनी, ज्ञान, शिक्षा और उच्च विचारो से आज भी हमारे बीच लोकप्रिय हैं।

प. दीनदयाल उपाध्याय जी एक ऐसा महान् व्यक्तित्व, जिसे शब्दों में समेट पाना अत्यंत कठिन है। वस्तुतः यह उनके व्यक्तित्व का विस्तार था, जो उन्होंने जीवन के प्रत्येक क्षेत्र में अपनी श्रेष्ठता को प्रमाणित किया। विद्वान्, उच्च कोटि के विचारक, प्रगतिशील लेखक, कुशल पत्रकार, सर्मपित समाज-सेवक, चतुर राजनीतिक, निडर आंदोलनकर्ता - इन विभिन्न रूपों से युक्त एक साधारण सा दिखनेवाला मधुर भाषी,

स्नेही, सहृदय, संयमी, परिश्रमी व्यक्ति, यही दीनदयालजी की वास्तविक पहचान थी। सामाजिक बंधनों से मुक्त, साधारण में असाधारण की परिभाषा लिये हुए, योगी से व्यक्तित्व वाले पं. दीनदयालजी भारतीय संस्कृति, दर्शन, धर्मशास्त्र तथा राजनीति के प्रकांड ज्ञाता थे। राष्ट्र एवं मानव जीवन से संबंधित प्रत्येक विषय का उन्होंने बड़ी गहनता और सूक्ष्मता से अध्ययन किया था।

यद्यपि पं. दीनदयालजी समन्वयवादी थे, तथापि जीवन-मूल्यों एवं सिद्धांतों से गिरकर समझौता करना अथवा परिस्थिति के सामने घुटने टेकना उन्हें कभी पसंद नहीं था। वे अपने सहयोगियों को समझाते हुए कहा करते थे, "परिस्थितियों का डटकर सामना करनेवाला मनुष्य ही वास्तव में मनुष्य कहलाने का अधिकारी है। जीवन संघर्ष में सुख एवं आनंद हेतु अपने सिद्धांतों का परित्याग करने वाला व्यक्ति जीवित रहते हुए भी मृत के समान है।"

यदि कम व सटीक शब्दों में व्यक्त किया जाए तो पंडित दीनदयाल उपाध्याय जी जगद्गुरु शंकराचार्य, स्वामी विवेकानंद तथा महात्मा गांधी जैसे महान् व्यक्तित्वों के मिश्रित रूप थे।

श्री कल्याण स्कूल सीकर के प्रधानाध्यापक का पत्र

Office of the Head Master,
Shri Kalyan High School, Sikar.

This is to certify that Deen Dayal Upadhyaya son of
Pt. Bhagwati Prasad Upadhyaya, studied for two years and appeared
at the High School examination of 1935, from this school.

I am glad to say that he not only passed in the
First Division with distinction in (1) Sanskrit (2) Mathematics
& (3) Geography but also stood I in order of merit amongst the
successful candidates and was awarded a Gold Medal by the
Board of High School and Intermediate Education Rajputana
(Including Ajmer Merwara) Central India and Gwalior, Ajmer,
besides a scholarship.

He impressed me as a youngman of excellent parts
and held a high record in the House Examinations. He was the
Secretary of the Literary Union in the School and contributed
articles in the School Magazine.

He is a very well-behaved and respectful youngman
and his moral character is to the best of my knowledge
unexceptionable.

I wish him all success in his undertakings.

श्रद्धांजलि

"मन में बड़ा विषाद छा गया है। क्या हुआ होगा और किस प्रकार से यह मर्मबेधी घटना घटी होगी, इसका तो पता लगाने वाले लगाएँगे। कुछ भी पता लगे, अपने संघ का एकनिष्ठ कार्यकर्ता उठ गया। जीवन के यौवन में आगे अनेक प्रकार से कार्य करने की क्षमता उनकी बढ़तीही जा रही थी; परंतु अब उस समृद्ध क्षमता का लाभ प्राप्त होने की संभावना नहीं रही। दो-तीन दिन पहले मैं मिला था। बड़े आनंद और प्रेम से बातचीत हुई थी। मैंने पूछा था कि 'तुम्हारा आगे क्या कार्यक्रम है? कहाँ मिलोगे?' उन्होंने कहा कि 'मैं पटना जा रहा हूँ। कुछ दिन बाद कानपुर में मिलूँगा।' पटना पहुँचने के पूर्व ही यह कांड हो गया।

"बाल्यकाल अर्थात् छात्र-जीवन से ही स्वयंसेवक के नाते जो अपने कर्तव्य का बोध प्राप्त कर लेते हैं और समग्र जीवन की शक्ति संघ- कार्यार्थ समर्पित करने वाले जो थोड़े से लोग रहते हैं, उनमें उनका प्रमुख स्थान था। संघ के स्वयंसेवक से अपेक्षा रहती है कि वह अपने अंदर स्वयंसेवक के सब गुण कायम रखे, अपने संगठन का ध्यान रखे तथा उसके भिन्न-भिन्न कार्यक्रमों की महत्ता को हृदय में जाग्रत् रखकर उनमें सम्मिलित होता रहे और उसे यदि अन्य कोई दायित्व भी करने के लिए दिया जाए तो वह परिश्रम से निभाए, वह कार्य किसी भी क्षेत्र का क्यों न हो।

उनको (दीनदयालजी को) राजनीति में काम करने के लिए कहा गया और उन्होंने वह किया। कितनी योग्यता से किया, उसकी कल्पना कुछ लोगों को होगी; परंतु यदि यह कहा जाए कि अब भारतीय जनसंघ के नाम से देश में जो राजनीतिक संगठन खड़ा है, वह उनकी योजनाबद्ध परिश्रमशीलता का ही परिणाम है, तो अत्युक्ति न होगी। जनसंघ में बहुत से लोग बोलनेवाले रहे, बहुत से दौड़-धूप करनेवाले रहे, बहुत से केवल शोभा देनेवाले रहे; परंतु नींव के पहले पत्थर से काम प्रारंभ करके इतनी ऊँची मर्यादा तक कार्य पहुँचाने का श्रेय यदि विशेषतः किसी व्यक्ति को देना है तो उन्हीं को देना पड़ेगा।

"वे उसके सर्वोच्च पद पर भी पहुँचे। यद्यपि मेरी इच्छा नहीं थी कि वे अध्यक्ष पद ग्रहण करें और उनकी भी इच्छा नहीं थी। मुझे उनसे कहना पड़ा था कि थोड़े समय के लिए,

साल भर के ही लिए, आपद्धर्म के रूप में अध्यक्ष पद स्वीकार कर लो। इसलिए उन्होंने इस पद को स्वीकार किया; नहीं तो वे स्वीकार करने वाले नहीं थे। उन्हें मान-मान्यता अथवा पद की लिप्सा नहीं थी और इसलिए उनके मन में अध्यक्ष पद स्वीकार करने की बिल्कुल इच्छा नहीं थी। मैं भी नहीं चाहता था, परंतु किसी-न-किसी परिस्थिति के कारण मुझे भी एक प्रकार से बाध्य होकर उन्हें पद ग्रहण के लिए कहना पड़ा था। और मेरे कहने का कारण, स्वयंसेवक जिस तरह निर्देश आदेश का पालन करता है, उसी नियम के अनुसार उन्होंने उसका पालन किया।

"उनकी अध्यक्षता के समय थोड़े दिनों में ही जनमानस के ऊपर बड़ा अच्छा परिणाम दिखाई पड़ा। बड़े-बड़े विरोधी भी सोचने लगे कि अंततोगत्वा देश की बागडोर सँभालने वाला यही राजनीतिक (जनसंघ का) कार्य है। कुछ लोग यह भी कहने लगे कि इसके पीछे राष्ट्रीय स्वयंसेवक संघ की जो शक्ति है, वह व्यक्ति के रूप में मूर्तिमान खड़ी है।

"ऐसा दिखाई देता है, जनसंघ का निर्माण कुछ बड़ी ही कठिन स्थिति में हुआ है। उसका भाग्य खराब है। पहले उसके अध्यक्ष डॉ. श्यामाप्रसाद मुखर्जी थे, उनकी एक प्रकार से राजनीतिक हत्या हुई। फिर उसके बाद बड़े भाग्य से डॉ. रघुवीर प्राप्त हुए। वे भी बड़े योग्य पुरुष थे। उनके कारण विदेशों में भी इस राजनीतिक क्षेत्र का बोलबाला हो सकता था और प्रभाव-निर्माण हो सकता था; किंतु थोड़े ही दिनों में उनका अपघात हो गया और इसके बाद सर्वांग-परिपूर्ण कार्य करने वाला जो अध्यक्ष (दीनदयालजी) प्राप्त हुआ, वह अब इस प्रकार चला गया।

"मैं काशी गया था उनके शरीर को देखने के लिए। विमान से शरीर को विदा करने के बाद यहाँ आया; परंतु मैंने आँसू नहीं बहाए। कुछ पता नहीं, लोगों ने मेरे बारे में क्या समझा होगा! अपने पुराने सुभाषितों में यह वचन आता है कि 'जो कार्यार्थी है, वह दुःख और सुख दोनों को अवहेलित करके काम करता है- मनस्वी कार्यार्थी गणयति न दुखं न च सुखम्। ' भगवत्कृपा से मेरे मन की शायद ऐसी ही कुछ स्थिति बन गई है और मैं उसको पचाकर चलने के लिए प्रस्तुत हुआ हूँ। अब दूसरा कोई भी उतनी योग्यता से कार्य उठाने के लिए आगे नहीं आएगा, ऐसी कोई बात नहीं है। कार्य बड़ा है, संगठन का कार्य है, अनेक कार्यकर्ताओं की परंपरा विद्यमान है, जो एक के बाद एक आगे आते रहेंगे। कोई स्थान

रिक्त नहीं रहेगा– और मुझे पूर्ण आशा है कि ऐसा ही होगा। इस संबंध में अधिक नहीं बोलता। जितना बोलूँ, थोड़ा ही है। सहना तो पड़ेगा ही। "इतना बोलने के लिए भी मन के ऊपर नियंत्रण रखने में बहुत परिश्रम करना पड़ा। ईश्वर की कृपा से नियंत्रण रख सका। उसका परिणाम शरीर की थकावट के रूप में बहुत अधिक हुआ। मैं प्रत्यक्ष करुण दृश्य देखकर आया हूँ, इसलिए सोचा कि इसका उल्लेख सबके सामने कर दूँ।

"हममें से प्रत्येक यह अनुभव करे कि उनके जैसी सर्वांग परिपूर्ण योग्यता अपने अंदर भी आवे। उनकी तरह दायित्व निभाने की योग्यता हर एक को बढ़ानी चाहिए। मेरे कहने का यह अर्थ नहीं लगाना चाहिए कि मैं सब लोगों को राजनीतिक क्षेत्र की ओर अपना झुकाव करने के लिए कह रहा हूँ। वस्तुतः झुकाव तो बिल्कुल होना ही नहीं चाहिए। जिस व्यक्ति का मैंने यहाँ उल्लेख किया, उसका राजनीतिक क्षेत्र की ओर कतई झुकाव नहीं था। पिछले वर्षों में कितनी ही बार मुझसे उन्होंने कहा, 'किस झमेले में मुझे डाल दिया! मुझे फिर से अपना प्रचारक का काम करने दें।' मैंने कहा, 'भाई, तुम्हारे सिवाय इस झमेले में किसको डालें? संगठन के कार्य पर जिसके मन में इतनी अविचल श्रद्धा और दृढ़ निष्ठा है, वही इस झमेले में रहकर, कीचड़ में भी कीचड़ से अस्पृश्य रहता हुआ सुचारु रूप से वहाँ की सफाई कर सकेगा, दूसरा कोई नहीं कर सकेगा।' इसलिए मैंने कहा कि उधर (राजनीतिक क्षेत्र) की ओर अपना झुकाव करने के लिए मैं किसी को नहीं कह रहा।"

हम चुनौती स्वीकार करते हैं।

– अटल बिहारी वाजपेयी
भारत रत्न एवम् पूर्व प्रधानमंत्री

एकात्म मानववाद

'एकात्म मानववाद' की अवधारणा सर्वप्रथम वर्ष 1964 में जनसंघ के ग्वालियर अधिवेशन में विचारार्थ प्रस्तुत की गयी जिसे वर्ष 1965 के विजयवाड़ा अधिवेशन में स्वीकार कर ली गयी। दिनांक 22, 23, 24 और 25 अप्रैल 1965 में एक चतुर्दिवसीय भाषणमाला का आयोजन पूना में किया गया, जिसमें पंडित दीनदयालजी ने इस विषय पर विस्तृत विवेचना प्रस्तुत की।

पंडित दीनदयाल उपाध्याय एक दार्शनिक, समाजशास्त्री, अर्थशास्त्री एवं राजनीतिज्ञ थे। इनके द्वारा प्रस्तुत दर्शन को 'एकात्म मानववाद' कहा जाता है जिसका उद्देश्य एक ऐसा 'स्वदेशी सामाजिक-आर्थिक मॉडल' प्रस्तुत करना था जिसमें विकास के केंद्र में मानव हो। पंडित दीनदयाल उपाध्याय ने पश्चिमी 'पूंजीवादी व्यक्तिवाद' एवं 'मार्क्सवादी समाजवाद' दोनों का विरोध किया, लेकिन आधुनिक तकनीक एवं पश्चिमी विज्ञान का स्वागत किया। ये पूंजीवाद एवं समाजवाद के मध्य एक ऐसी राह के पक्षधर थे जिसमें दोनों प्रणालियों के गुण तो मौजूद हों लेकिन उनके अतिरेक एवं अलगाव जैसे अवगुण न हो।

इनके अनुसार पूंजीवादी एवं समाजवादी विचारधाराएँ केवल मानव के शरीर एवं मन की आवश्यकताओं पर विचार करती है इसलिए वे भौतिकवादी उद्देश्य पर आधारित हैं जबकि मानव के संपूर्ण विकास के लिए इनके साथ-साथ आत्मिक विकास भी आवश्यक है। साथ ही, उन्होंने एक वर्गहीन, जातिहीन और संघर्ष मुक्त सामाजिक व्यवस्था की कल्पना की थी। एकात्म मानववाद का उद्देश्य व्यक्ति एवं समाज की आवश्यकता को संतुलित करते हुए प्रत्येक मानव को गरिमापूर्ण जीवन सुनिश्चित करना है। यह प्राकृतिक संसाधनों के संधारणीय उपभोग का समर्थन करता है जिससे कि उन संसाधनों की पुनः पूर्ति की जा सके।

आज वैश्विक स्तर पर एक बड़ी जनसंख्या गरीबी में जीवन यापन कर रही है। विश्वभर में विकास के कई मॉडल लाए गए लेकिन आशानुरूप परिणाम नहीं मिला। अतः दुनिया को एक ऐसे विकास मॉडल की तलाश है जो एकीकृत और संधारणीय हो। एकात्म

मानववाद ऐसा ही एक दर्शन है जो अपनी प्रकृति में एकीकृत एवं संधारणीय है।

एकात्म मानववाद न केवल राजनीतिक बल्कि आर्थिक एवं सामाजिक लोकतंत्र एवं स्वतंत्रता को भी बढ़ाता है। यह सिद्धांत विविधता को प्रोत्साहन देता है अतः भारत जैसे विविधतापूर्ण देश के लिए यह सर्वाधिक उपयुक्त है। एकात्म मानववाद का उद्देश्य प्रत्येक मानव को गरिमापूर्ण जीवन प्रदान करना है एवं 'अंत्योदय' अर्थात समाज के निचले स्तर पर स्थित व्यक्ति के जीवन में सुधार करना है अतः यह दर्शन न केवल भारत अपितु सभी विकासशील देशों में सदैव प्रासंगिक रहेगा।

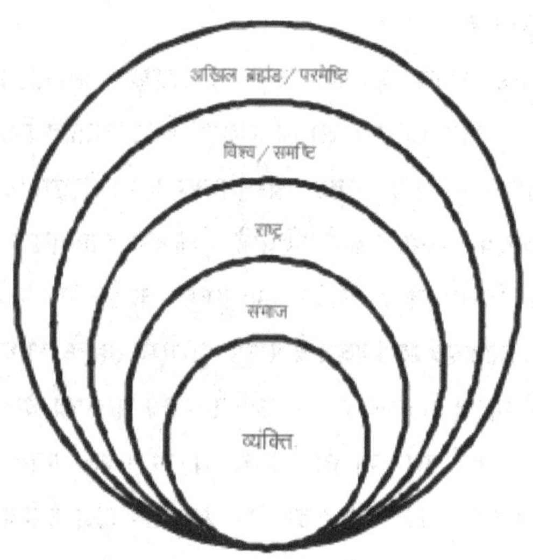

भारतीय संस्कृति एकात्म मानववादी है। इसके अनेक भाग या प्रत्यय हैं, जैसे धर्म, चिति एवं विराट् आदि, इन प्रत्ययों को राजनीति के क्षेत्र में प्रस्तुत करना एक क्रांतिकारी पहल थी। देश के भविष्य की क्या दिशा व दशा होगी के संबंध में विचार करने वालों में दो प्रकार के लोग हैं। एक तो वे हैं, जो सोचते है कि भारत की हजारों वर्षों से चली आ रही प्रगति की दिशा पराधीन होने पर जहाँ पर रुक गई थी, हमे वापस वहीं से प्रारंभ करना चाहियें। दूसरी ओर वे लोग हैं, जो कि भारत की उस पुरानी वस्तु या विचारधारा को समय अनुकूल या सही नहीं होने के कारण पूर्णतया नकार देते है तथा उसके संबंध मेंविचार करने को ही तैयार नहीं। इसके विपरीत, वे पश्चिम में जो आंदोलन हुए, राजनीतिक और

आर्थिक क्षेत्रों में जो विचार जन्मे, उनको ही वे सार्वभौमिक प्रगति का मार्ग समझकर उन संपूर्ण विचारधाराओं और आंदोलनों को भारत के अंदर लागू करने का प्रयत्न करते हैं। भारत उन्हीं पश्चिमी विचारधारा का किसी-न-किसी प्रकार से अनुसरण करे, इसी विचार को लेकर वे आगे चलना चाहते हैं। ये दोनों ही प्रकार के विचार सही और सत्य नहीं हैं। किंतु दुनिया के किसी भी विचार को पूर्णतः अमान्य करके भी चलना ठीक नहीं होगा। क्योंकि उनमें भी कुछ ना कुछ सत्य का अंश अवश्य होगा। जो यह विचार करते हैं कि जहाँ हम रुक गए थे, वहीं लौटकर पुनः चलना आरंभ करें, वे यह भूल जाते हैं कि लौटकर चलना वांछनीय हो या न हो, असंभव अवश्य है, क्योंकि समय की गति को पीछे नहीं ले जाया जा सकता।

लंबे समय से परतंत्रता की बेड़ियों में जकड़े भारत के लिए विदेशियों को भगाना एवं स्वतंत्रता को प्राप्त करना प्राथमिक आवश्यकता थी। लेकिन ज्वलंत सवाल यह था कि स्वतंत्रता के पश्चात् देश का स्वरूप क्या होगा? हम किस दिशा में उच्चता हासिल करेंगे। इन सवालों के जवाब अत्यंत कठिन थे। महात्मा गांधी ने यही सोचकर आजादी के बाद देश के स्वरूप पर अपनी भावनाएँ अपनी पुस्तक "हिन्द स्वराज" में व्यक्त की। लोकमान्य तिलक ने भी स्वतंत्र भारत के स्वरूप की अपनी पुस्तक "गीता रहस्य" में व्याख्या की है। उन्होंने संपूर्ण विश्व के सैद्धांतिक पहलुओं का दार्शनिक आधार पर तुलनात्मक अध्ययन किया। इन सबके अलावा कांग्रेस एवं अन्य पार्टियों ने भी इस विषय पर अपने-अपने विचार व्यक्त किए लेकिन इस विषय पर गंभीर विमर्श की महती आवश्यकता थी। लेकिन इस विषय पर कोई तात्कालिक प्रतिक्रिया नहीं हो रही थी क्योंकि देशवासियों के जेहन में अंग्रेजों को देश से बाहर करने का विचार प्रथम था। परिणामस्वरूप देशवासियों ने भविष्य के भारत का निर्माण के "सामाजिक आधार" की अवधारणा को सर्वोच्च स्थान पर रखा। स्वतंत्रता प्राप्ति के पश्चात् एक बार फिर से यह प्रश्न उठ खड़ा हुआ कि देश किस दिशा में प्रगतिशील होगा। लेकिन आश्चर्यजनक रूप से तब भी इस विषय पर गंभीर प्रयास नहीं हो रहे थे। हजार वर्षों में जो कुछ हमने किया है, वह विवशता में हमें मिला हो या प्रयासपूर्वक हमने मिलाया हो, उसमें से हर वस्तु को हटा करके नहीं चल सकते। साथ ही इस काल में हमने स्वयं भी कुछ-न-कुछ अपने जीवन में निर्माण किया है। जो नई

परिस्थितियाँ पैदा हुईं, जो नई चुनौतियाँ आईं, उनमें हम सदैव वैरागी (Passive Agent) रूप में निष्क्रिय होकर नहीं बैठे। बाहरवालों ने जो कुछ किया, हम केवल उसका प्रतिकार ही नहीं करते रहे, हमने भी परिस्थितियों के अनुसार अपने जीवन को ढालने का प्रयत्न किया। इसलिए उस सम्पूर्ण जीवन को भुलाकर तो चल नहीं सकते।

इसी प्रकार, जो लोग विदेशी जीवन तथा विचारों को भारत की प्रगति का आधार बनाकर चलते हैं, वे भी यह भूल जाते हैं कि ये विदेशी विचार एक परिस्थिति-विशेष तथा प्रवृत्ति-विशेष की उपज हैं। ये सार्वलौकिक नहीं हैं। उन पर 'पश्चिमी देशों की राष्ट्रीयता, प्रकृति और संस्कृति' की छाप है। साथ ही वहाँ के ये बहुत से विचार अब पुराने पड़ चुके हैं। कार्ल मार्क्स का सिद्धांत देश और काल दोनों ही दृष्टियों से इतना बदल चुका है कि आज हम मार्क्सवादी विश्लेषण को तोते की तरह रटकर आँख मूँदकर भारत पर लागू करें तो वह वैज्ञानिक अथवा विवेकपूर्ण दृष्टिकोण नहीं कहा जाएगा। वह रूढ़िवादिता होगी। जो अपने देश की रूढ़ियों को मिटाकर सुधारने का दावा करें, वे विदेश की रूढ़ियों के दास बन जाएँ, यह तो आश्चर्य का विषय होगा।

प्रत्येक देश की अपनी ऐतिहासिक, सामाजिक और आर्थिक परिस्थिति होती है और समय उस देश के जो भी नेता और विचारक होते हैं, वे उस परिस्थिति में से देश को आगे बढ़ाने की दृष्टि से मार्ग निर्धारित करते हैं। अपनी समस्याओं के समाधान के लिए जो हल उन्होंने सुझाए, वे उसी प्रकार, भिन्न परिस्थितियों में रहनेवाले समाज पर पूरी तरह लागू हो जाएँ, यह विचार करना गलत है।

एक सामान्य उदाहरण लें। विश्व भर में मनुष्यों के शरीर के अंगों की क्रिया समान होते हुए भी जो ओषधि इंग्लैंड में कारगर होती है, वह भारत में भी उपयोगी सिद्ध होगी, यह निर्विवाद नहीं कहा जा सकता। रोगों का संबंध जलवायु, आचार-विचार, खानपान तथा वंश-परंपरा से रहता है। ऊपर से देखने पर रोग एक सा दिखाई देने पर भी उसकी ओषधि सब मनुष्यों के लिए एक नहीं हो सकती। सब रोगों और सब मनुष्यों के लिए एक ही ओषधि का नारा लगाने वाले नीम-हकीम हो सकते हैं, चिकित्सक नहीं। आयुर्वेद में सिद्धांत बताया है – 'यद्देशस्य यो जन्तुः तद्देश्य तस्योषधम्'। इसलिए बाहर की जितनी भी बातें हैं, उनको हम उसी प्रकार से लेकर अपने देश में चलें, यह तो समीचीन नहीं होगा।

उसके द्वारा हम कभी प्रगति नहीं कर सकेंगे। किंतु दूसरी बात का भी विचार करना होगा कि ये जितनी भी बातें विश्व में हुई हैं, ये सबकी सब ऐसी नहीं कि उनका संबंध केवल देश विशेष के साथ ही हो। वहाँ भी मानव रहते हैं और मानव के चिंतन तथा क्रियाओं में से जो वस्तु पैदा होती है, उसका शेष मानवों के साथ भी संबंध रह सकता है। इसलिए मानव के ज्ञान में जो कुछ अर्जित है, उससे हम बिल्कुल आँख बंद करके चलें, यह भी बुद्धिमत्ता की बात नहीं होगी। उसमें से सत्य को हमें स्वीकार और असत्य को छोड़ना पड़ेगा। उसका भी अपनी परिस्थिति के अनुसार परिष्कार करना होगा। संक्षेप में यह कह सकते हैं कि जहाँ तक शाश्वत सिद्धांतों तथा स्थायी सत्यों का संबंध है, हम संपूर्ण मानव के ज्ञान और उपलब्धियों का संकलित विचार करें। इन तत्त्वों में जो हमारा है, उसे युगानुकूल और जो बाहर का है, उसे देशानुकूल ढालकर हम आगे चलने का विचार करें।

पश्चिम की राजनीति अभी तक राष्ट्रीयता, प्रजातंत्र, समता या समाजवाद के आदर्शों को मानकर चली है। विश्वशांति के लिए भी बीच-बीच में प्रयत्न हुए हैं तथा विश्व-एकता के आदर्श की कल्पना भी लोगों ने की है-इन उद्देश्यों की प्राप्ति के साधन के रूप में लीग ऑफ नेशंस तथा दूसरे युद्ध के बाद संयुक्त राष्ट्र संघ को जन्म दिया गया। विभिन्न कारणों से ये सफल नहीं हुए। फिर भी ये उस दिशा में प्रयास तो हैं ही। परंतु ये सभी आदर्श व्यवहार में अधूरे तथा विभिन्न समस्याओं को जन्म देने वाले सिद्ध हुए हैं। राष्ट्रीयता दूसरे देशों की राष्ट्रीयता से टकराकर उनके लिए घातक बन जाती है तथा विश्वशांति को नष्ट करती है। साथ ही विश्वशांति को यदि यथास्थिति का पर्याय मान लिया जाए तो बहुत से राष्ट्र स्वतंत्र हो ही नहीं पाएँगे। विश्व की एकता और राष्ट्रीयता में भी टकराव आता है। कुछ लोग विश्व-एकता के लिए राष्ट्रीयता को नष्ट करने की बात कहते हैं तो दूसरे विश्व-एकता को स्वप्न-जगत् की बात बताकर अपने राष्ट्र के स्वार्थों को ही सर्वाधिक महत्त्व देते हैं। दोनों का मेल कैसे बिठाया जाए, इस प्रकार की समस्या प्रजातंत्र और समाजवाद के बीच उपस्थित होती है।

प्रजातंत्र में व्यक्ति-स्वातंत्र्य तो है, परंतु उसका विकास पूँजीवादीव्यवस्था के साथ शोषण और केंद्रीयकरण के साधन के रूप में हुआ। शोषण मिटाने के लिए समाजवाद लाया गया, परंतु उसने व्यक्ति की स्वतंत्रता और गरिमा को ही नष्ट कर दिया। आज विश्व

किंकर्तव्यविमूढ़ है। उसे मार्ग नहीं दिख रहा कि वह कहाँ जाए। पश्चिम आज इस अवस्था में नहीं कि वह निर्विवाद रूप से आत्म-विश्वासपूर्वक कह सके 'नान्यः पन्थाः'। वे स्वयं मार्ग टटोल रहे हैं, अतः उनका अंधानुकरण करने से तो 'अन्धेन नीयमाना यथान्धाः' की ही उक्ति चरितार्थ होगी। इस परिस्थिति में हमारी दृष्टि भारतीय संस्कृति की ओर जाती है। क्या यह विश्व की समस्या के समाधान में कुछ योगदान कर सकती है?

राष्ट्रीय दृष्टि से तो हमें अपनी संस्कृति का विचार करना ही होगा, क्योंकि वह हमारी अपनी प्रकृति है। स्वराज्य का स्वसंस्कृति से घनिष्ठ संबंध रहता है। संस्कृति का विचार न रहा तो स्वराज की लड़ाई स्वार्थी और पदलोलुप लोगों की राजनीतिक लड़ाई मात्र बनकर रह जाएगी। स्वराज्य तभी साकार और सार्थक होगा, जब वह अपनी संस्कृति की अभिव्यक्ति का साधन बन सकेगा। इस अभिव्यक्ति में हमारा विकास भी होगा और हमें आनंद की अनुभूति भी होगी एवं विश्वशांति भी संभव होगी। अतः आज राष्ट्रीय और मानवीय दृष्टियों से आवश्यक हो गया है कि हम भारतीय संस्कृति के तत्त्वों का विचार करें। भारतीय संस्कृति की पहली विशेषता यह है कि वह संपूर्ण जीवन का, संपूर्ण सृष्टि का संकलित विचार करती है। उसका दृष्टिकोण एकात्मवादी (Integrated) है। टुकड़े-टुकड़े में विचार करना विशेषज्ञ की दृष्टि से ठीक हो सकता है, परंतु व्यावहारिक दृष्टि से उपयुक्त नहीं। पश्चिम की समस्या का मुख्य कारण उनका जीवन के संबंध में खंडशः विचार करना तथा फिर उन सबको एक साथ लगाकर जोड़ने का प्रयत्न है। हम यह तो स्वीकार करते हैं कि जीवन में अनेकता अर्थात् विविधता है, किंतु उसके मूल में निहित एकता को खोज निकालने का हमने सदैव प्रयत्न किया है। यह प्रयत्न पूर्णतः वैज्ञानिक है। विज्ञानवेत्ता का प्रयत्न रहता है कि वह जगत् में दिखनेवाली अव्यवस्था में से व्यवस्था ढूँढ़ निकाले, उनके नियमों का पता लगाए, तदनुसार व्यवहार के नियम बनाए। रसायनशास्त्रियों ने संपूर्ण भौतिक जगत् में से कुछ आधारभूत तत्त्व (Elements) ढूँढ़ निकाले और बताया कि सभी वस्तुएँ उनसे भी आगे गईं। उसने इन तत्त्वों के मूल में निहित शक्ति अर्थात् चेतना को ढूँढ़ निकाला। संपूर्ण जगत् में चेतना का अस्तित्व है। दार्शनिक भी मूलतः वैज्ञानिक ही होते हैं। पश्चिम के दार्शनिक द्वैत तक पहुँचे। हीगेल ने थीसिस, एंटीथीसिस तथा सिनथीसिस का सिद्धांत रखा, जिसका आधार लेकर कार्ल मार्क्स ने

अपना इतिहास और अर्थशास्त्र विश्लेषण प्रस्तुत किया। डार्विन ने 'मत्स्यन्याय' को ही जीवन का आधार माना। किंतु हमने संपूर्ण जीवन में मूलभूत एकता का दर्शन किया है। जो द्वैतवादी रहे, उन्होंने भी प्रकृति और पुरुष को एक-दूसरे का विरोधी अथवा परस्पर संघर्षशील न मानकर पूरक ही माना है। जीवन की विविधता अंतर्भूत एकता का आविष्कार है और इसलिए उनमें परस्परानुकूलता तथा परस्परपूरकता है। बीच की एकता ही पेड़ के मूल, तना, शाखा, पत्ते, फूल और फल की विविध रूपों में प्रकट होती है। इन सबके रंग, रूप तथा कुछ-न-कुछ मात्रा में गुण में भी अंतर होता है। फिर भी उनके पास बीज के साथ के एकत्व के संबंध को हम सहज ही पहचान सकते हैं।

विविधता में एकता अथवा एकता का विविध रूपों में व्यक्तीकरण ही भारतीय संस्कृति का केंद्रस्थ विचार है। यदि इस तथ्य को हमने हृदयंगम कर लिया तो फिर विभिन्न सत्ताओं के बीच संघर्ष नहीं रहेगा। यदि संघर्ष है तो वह प्रकृति का अथवा संस्कृति का द्योतक नहीं, विकृति का द्योतक है। जिस मत्स्यन्याय या जीवन-संघर्ष को पश्चिम के लोगों ने ढूँढ़ निकाला, उसका ज्ञान हमारे दार्शनिको को था। मानव-जीवन में काम, क्रोध आदि विकारों को भी हमने स्वीकार किया है। किंतु इन सब प्रवृत्तियों को अपनी संस्कृति अथवा शिष्ट व्यवहार का आधार नहीं बनाया। समाज में चोर और डाकू होते हैं। उनसे अपनी और समाज की रक्षा भी करनी चाहिए। किंतु उनको हम अनुकरणीय अथवा मानव-व्यवहार की आधारभूत प्रवृत्तियों काप्रतिनिधि मानकर नहीं चल सकते। 'जिसकी लाठी उसकी भैंस' (Survival of the hittest) जंगल का विधान है। मानव की सभ्यता का विकास इस विधान को मानकर नहीं, बल्कि यह विधान न चल पाए-इस व्यवस्था के कारण ही हुआ है। आगे भी यदि बढ़ना हो तो हमें इस इतिहास को ध्यान में रखकर ही चलना होगा।

सृष्टि में जैसे संघर्ष दिखता है, वैसे ही सहयोग भी दृष्टिगोचर होता है। वनस्पति और प्राणी, दोनों एक-दूसरे की आवश्यकता को पूरा करते हुए ही जीवित रहते हैं। हमें ऑक्सीजन वनस्पतियों से मिलती है तथा वनस्पतियों के लिए आवश्यक कार्बन डाइऑक्साइड प्राणिजगत् से प्राप्त होती है। इस परस्पर-पूरकता के कारण ही संसार चल रहा है। संसार में एकता का दर्शन कर, उसके विविध रूपों के बीच परस्पर-पूरकता को

पहचान कर, उनमें परस्पर अनुकूलता का विकास करना तथा उसका संस्कार करना ही संस्कृति तथा उसके प्रतिकूल बनाना विकृति है। संस्कृति प्रकृति की अवहेलना नहीं करती, उसकी ओर दुर्लक्ष्य नहीं करती, बल्कि प्रकृति में जो भावसृष्टि है, उनको बढ़ावा देकर दूसरी प्रकृतियों की बाधा को रोकना ही संस्कृति है।

एक छोटा सा उदाहरण लें। भाई-भाई का संबंध, माता-पुत्र का संबंध, पिता-पुत्र का संबंध, भाई-बहन का संबंध, ये प्रकृति की देन हैं। ये संबंध जैसे मनुष्यों में होते हैं, वैसे पशुओं में भी होते हैं। जैसे एक माँ के दो बेटे भाई हैं, वैसे एक गाय के दो बछड़े भाई होंगे। परंतु अंतर कहाँ होता है। बेचारा पशु उस प्रकृति के संबंध को भूल जाता है। उस आधार के ऊपर अपने बाकी संबंधों का निर्माण नहीं कर पाता। किंतु मानव इस बात को याद रखता है और याद रखकर उसके आधार पर अपने जीवन के व्यवहार की दिशा निश्चित करता है। इस विचार से वह अपने पारस्परिक संबंधों का निर्माण करने का प्रयत्न करता है। मानव-मूल्यों तथा उसकी निष्ठाओं का निर्धारण इसी आधार पर होता है। अच्छे और बुरे के संबंध में उसकी जो धारणाएँ निर्मित होती हैं, वे इसी आधार पर निर्मित होती हैं। देखने को तो जीवन में भाई-भाई के बीच प्रेम और वैर दोनों ही मिलते हैं, किंतु हम प्रेम को अच्छा मानते हैं। बंधुभाव का विस्तार हमारा लक्ष्य रहता है। इसके विपरीत वैर अभीष्ट नहीं समझा जाता। वैर को मानव-व्यवहार का आधार बनाकर यदि इतिहास का विश्लेषण किया जाए और फिर उसमें एक आदर्श जीवन का स्वप्न देखा जाए तो यह आश्चर्य की ही बात होगी।

माँ बच्चों का पालन-पोषण करती है। बच्चे के लिए माँ का प्रेम सबसे बड़ा समझा जाता है। इसको आधार बनाकर ही हम जीवन का निर्माण करने वाले व्यवहार के नियम बना सकते हैं। कहीं माँ के इस प्रेम के विपरीत भी अनुभव आता है। बिल्ली के बारे में कहा जाता है कि प्रसव के बाद उसे इतनी भूख लगती है कि वह अपने बच्चे को भी खा जाती है। किंतु दूसरी ओर बंदरिया का बच्चा मर भी जाए, तो भी वह उसे अपने से चिपकाए घूमती है। दोनों बातें देखने को मिलती हैं। अब प्रकृति के इन दो नियमों में से किस नियम को ढूँढ़कर हम जीवन का आधार बनाकर चलें? हमारा निर्णय तो यही होगा कि जो जीवन के लिए सहायक और पोषक है, उसे ही हम आधार बनाएँ, इसके प्रतिकूल चलेंगे तो वह संस्कृति

नहीं होगी। मनुष्य की प्रकृति में दोनों बाते हैं। मनुष्य की प्रकृति में क्रोध भी है, लोभ भी है और तपस्या भी है। ये सब मनुष्य के जीवन में हैं। यदि हम काम, क्रोध, मोह और लोभ को आधार बनाकर जीवन का विचार करें और कहें कि अंततः सब लोग क्रोधी होते हैं, हर एक को क्रोध आता है, पशु को भी क्रोध आता है, इसलिए वही जीवन का मानदंड होना चाहिए- क्रोध को ठीक मानकर तथा लोगों को क्रोध की सलाह देकर यदि हम व्यवस्था बनाएँ तो वे चल नहीं पाएँगी। अतः सर्वत्र कहा है कि क्रोध आने के बाद भी मनुष्य उसे रोक सकता है, उसका दमन कर सकता है और इसलिए हमें उसका दमन करना चाहिए। अतः 'दमन' हमारे जीवन का आधार हो सकता है, 'क्रोध' नहीं।

इस प्रकार जीवन के जो नियम होते हैं, उन्हीं नियमों को 'नीति शास्त्र के नियम' कहते हैं। ये नियम कोई तय नहीं करता। यानी क्रोध आने पर हमें क्रोध को प्रकट नहीं करना चाहिए, बल्कि शांत रहना चाहिए, क्रोध को पी जाना चाहिए, ऐसे जो नियम बनाए हैं, ये 'नीति- शास्त्र के नियम' हैं। अंग्रेजी में इन्हें एथिक्स (Ethics) कहते हैं। ये नियम किसी ने बनाए नहीं हैं, ये तो ढूँढ़े जाते हैं, जैसे यह नियम है कि यदि हम किसी पत्थर को फेंक दें तो वह नीचे गिर पड़ेगा। इसको 'गुरुत्वाकर्षण का नियम' कहते हैं। गुरुत्वाकर्षण का नियम न्यूटन ने बनाया नहीं है। उन्होंने इस नियम को ढूँढ़ा। उसी प्रकार से मानव- संबंधों के भी कुछ नियम हैं। गुस्सा आए तो उस गुस्से को दबाओ, यह मानव के लाभ का काम है। नीतिशास्त्र के ये नियम ढूँढ़े हुए नियम हैं। एक-दूसरे के साथ झूठ मत बोलो, जैसा देखा है वैसा बोलो - यह 'सत्य' है। इसका लाभ हमें हर घड़ी अनुभव में आता है। हमको जो जैसा हो वैसा ही बोलें तो अच्छा लगता है। यदि हमने एक बात देखी और दूसरी बोली, हर स्थान पर हम झूठ बोलते रहे तो हमको भी बुरा लगेगा। बोलने वाले को भी बुरा लगेगा और सुनने वाले को भी बुरा लगेगा, और फिर जीवन चल ही नहीं पाएगा। बड़ी कठिनाई हो जाएगी।

सूरज निकला और हमने देखा कि सूरज निकला है। घर में किसी व्यक्ति ने पूछा कि सूरज निकल आया क्या? अब यदि हमने उसको झूठ बोल दिया कि नहीं निकला या बाहर वर्षा हो रही या बादल साफ हैं? और हमने कहा कि बादल बिल्कुल साफ है, वर्षा नहीं हो रही है। हमारी बात मानकर जब वह बाहर निकलता है तो सहसा भीग जाता है, इस स्थिति

में सोचें कि उसके हमारे संबंध कैसे होंगे ? इस प्रकार क्या जगत् चल सकेगा ? यही नियम हमारे धर्मसत्य का जो नियम है, उसे ढूँढ़कर निकाला गया। इस प्रकार से ढूँढ़कर निकाले हुए जो नियम हैं, उनको ही हमारे यहाँ 'धर्म' कहा है। मानव जीवन को स्थिर रखनेवाले, मानव जीवन की धारणा करनेवाले (मैं इस समय मानवता की बात कर रहा हूँ, वैसे तो धर्म का संबंध सब के साथ आता है, संपूर्ण सृष्टि के साथ भी आएगा) जितने नियम हैं, वे सब धर्म हैं। उस धर्म का आधार लेकर हम संपूर्ण जीवन का विचार करें।

संपूर्ण समाज या सृष्टि का ही नहीं, व्यक्ति का भी हमने एकात्म एवं संकलित विचार किया है। सामान्यतः तो व्यक्ति का विचार उसके शरीर मात्र के साथ किया जाता है। शरीर सुख को ही लोग सुख समझते हैं, किंतु हम जानते हैं कि मन में चिंता रही तो शरीर सुख नहीं पाता। प्रत्येक व्यक्ति शरीर का सुख चाहता है, किंतु किसी को कारागार में डाल दिया जाए और बहुत अच्छा खाने को दिया जाए तो उसे सुख होगा क्या ? आनंद होगा क्या ?

पुराना उदाहरण है कि भगवान् कृष्ण जब कौरवों के यहाँ संधि करने के लिए गए तो दुर्योधन ने उनको बुलाया और कहा, 'महाराज, हमारे यहाँ भोजन के लिए आइए।' भगवान् कृष्ण दुर्योधन के घर भोजन करने नहीं गए, किंतु विदुर के यहाँ गए। जब विदुर के यहाँ पहुँचे तो वहाँ हालत ऐसी हो गई कि विदुर की पत्नी ने अत्यधिक आनंद के मारे केले के छिलके छील-छीलकर भगवान् कृष्ण को परोस दिए और गूदा फेंकती गई। भगवान् कृष्ण भी आनंदपूर्वक उन छिलकों को खाते रहे। इसलिए लोग कहते हैं- भाई ! सम्मान और स्नेह के साथ यदि रूखी रोटी भी मिल जाए तो बहुत अच्छा लगता है, परंतु अपमान के साथ मेवा भी मिले तो उसे छोड़ना चाहिए। अतः मन के सुख का भी विचार करना पड़ता है।

इसी प्रकार बुद्धि का भी सुख है। इसके सुख का विचार करना पड़ता है, क्योंकि यदि मन का सुख हुआ भी और आपको बड़े प्रेम से रखा भी गया तथा आपको खाने-पीने को भी प्रचुर मात्रा में दिया, परंतु यदि मस्तिष्क में कोई उलझन बैठी रही तो वैसी हालत होती है, जैसे पागल की हो जाती है। पागल का क्या होता ? उसे खाने को पर्याप्त मिलता है, हृष्टपुष्ट भी हो जाता है, अन्य भी सुविधाएँ होती हैं, परंतु मस्तिष्क की उलझन के कारण बुद्धि का सुख प्राप्त नहीं होता, बुद्धि में भी तो शांति चाहिए। इन बातों का हमें विचार करना

पड़ेगा।

मनुष्य मन, बुद्धि, आत्मा तथा शरीर, इन चारों का समुच्चय है। हम उसको टुकड़ों में बाँटकर विचार नहीं कर सकते। आज पश्चिम में जो कष्ट पैदा हुए हैं, उनका कारण यह है कि उन्होंने मनुष्य के एक-एक भाग का विचार अलग-अलग किया। प्रजातंत्र का आंदोलन चला तो उन्होंने मनुष्य को कहा, 'मैन इज ए पॉलिटिकल एनिमल,' अर्थात् मनुष्य एक राजनीतिक जीव है और इसलिए इसकी राजनीतिक आकांक्षा की तृप्ति होनी चाहिए। एक राजा बन करके बैठे और शेष लोग राजा नहीं हों, ऐसा क्यों? राजा सबको बनना चाहिए। इसलिए राजा बनने की आकांक्षा की पूर्ति के लिए उन्होंने सबको 'वोट' देने का अधिकार दिया। प्रजातंत्र में यह अधिकार तो मिल गया, परंतु अन्य जो अधिकार थे, वे कम हो गए। उन्होंने कहा कि वोट देने का तो सबको अधिकार है, पेट भरे या न भरे। परंतु यदि खाने को नहीं मिला तो?

तब लोगों से कहा गया कि तुम चिंता क्यों करते हो? मतदान का अधिकार तो तुम्हें है ही। तुम राजा हो। राजा बनकर बैठे रहो। राज तुम्हारा है तो लोगों ने कहा, 'बाबा! इस राज से हमें क्या करना है, यदि खाने को ही नहीं मिल रहा? पेट को रोटी नहीं मिल रही तो हमें यह राज नहीं चाहिए। हमें तो पहले रोटी चाहिए।' कार्ल मार्क्स आए और उन्होंने कहा, 'हाँ, रोटी सबसे प्रथम वस्तु है। राज्य तो केवल रोटीवालों का समर्थक होता है। अतः रोटी के लिए लड़ो।' उन्होंने मनुष्य को रोटीमय बना दिया। पर जो लोग कार्ल मार्क्स के मार्ग पर चले, उन्हें वहाँ यह अनुभव हुआ कि राज तो हाथ से गया ही, रोटी भी नहीं मिली। किंतु दूसरी ओर अमरीका है, वहाँ रोटी भी है, राज भी है, इस पर भी सुख और शांति नहीं। जितनी आत्महत्याएँ अमरीका में होती हैं और जितने लोग वहाँ मानसिक रोगों के शिकार रहते हैं, जितने लोग वहाँ पर दवाईयां (ट्रैक्विलाइजर) खा-खाकर सोने का प्रयत्न करते हैं, उतना विश्व में और कहीं नहीं होता। लोग कहते हैं- 'यह क्या समस्या खड़ी हो गई? रोटी मिल गई, राज्य मिल गया, पर नींद उड़ गई।'अब वे कहते हैं- 'बाबा, नींद लाओ। किसी प्रकार से नींद लाओ।' अब वहाँ नींद बड़ी वस्तु बन गई है और नींद भी आ गई तो तृष्णा उन्हें पीडित कर रही है।

विचारकों को लग रहा है कि उनकी जीवन-पद्धति में कहीं-न-कहीं कोई मौलिक त्रुटि

अवश्य है, जिससे समृद्धि के बाद भी वे सुखी नहीं। कारण यह है कि वे मनुष्य का पूर्ण विचार नहीं कर पाए। हमारी संस्कृति में इस बात का पूरा विचार किया गया है, इसलिए हमने कहा है कि मानव की प्रगति का अर्थ शरीर, मन, बुद्धि व आत्मा, इन चारों की प्रगति है। बहुत बार लोग समझते हैं और इस बात का प्रचार भी किया गया है कि भारतीय संस्कृति तो केवल आत्मा का विचार करती है, शेष के बारे में वह विचार नहीं करती। यह असत्य है। आत्मा का विचार अवश्य करते हैं, किंतु यह सत्य नहीं है कि हम शरीर, मन और बुद्धि का विचार नहीं करते। अन्य लोगों ने तो केवल शरीर का विचार किया है। इसलिए आत्मा का विचार हमारी विशेषता हो गई। कालांतर में इस विशेषता में लोगों में ऐकांतिकता का भ्रम पैदा कर दिया। जिसका विवाह नहीं हुआ, वह केवल माँ से प्रेम करता है तथा विवाह के बाद दोनों के प्रति दायित्व को निभाता है। अब इस व्यक्ति से कोई कहे कि उसने माँ से प्रेम करना छोड़ दिया तो यह असत्य होगा। पत्नी भी, जब तक पुत्र नहीं होता, केवल पति से प्रेम करती है, बाद में पति और पुत्र दोनों से प्रेम करती है। इस अवस्था में कभी- कभी अज्ञानवश पति पत्नी पर यह आरोप लगा देता है कि वह तो अब उसकी चिंता ही नहीं करती। किंतु यह आरोप सही नहीं होता। यदि सही है तो पत्नी अपने कर्तव्य से विमुख हो गई है।

इसी प्रकार हम आत्मा की चिंता करते हुए शरीर को नहीं भूलते। उपनिषद् में तो स्पष्ट शब्दों में कहा है कि 'नाड्यमात्मा बलहीनेन लभ्यः '- दुर्बल (व्यक्ति) आत्मा का साक्षात्कार नहीं कर सकता। इसी प्रकार की सूक्ति है कि 'शरीरमाद्यं खलु धर्मसाधनम्'- अर्थात् शरीर धर्म का प्रथम साधन है। दूसरे लोगों से हमारा यही अंतर है कि उन्होंने शरीर को साध्य माना है, परंतु हमने उसे साधन समझा है। इस नाते से हमने शरीर का विचार किया है। जितनी भौतिक आवश्यकताएँ हैं, उनकी पूर्ति का महत्त्व हमने माना है, परंतु उन्हें सर्वस्व नहीं माना। मनुष्य के शरीर, मन, बुद्धि और आत्मा की आवश्यकताओं की पूर्ति, उसकी विविध कामनाओं, इच्छाओं तथा ऐषणाओं की संतुष्टि और उसके सर्वांगीण विकास की दृष्टि से व्यक्ति के सामने कर्तव्य रूप में हमारे यहाँ चतुर्विध पुरुषार्थ की कल्पना रखी गई है। धर्म, अर्थ, काम और मोक्ष चार पुरुषार्थ हैं। पुरुषार्थ का अर्थ उन कामों से है, जिनसे पुरुषत्व सार्थक हो। धर्म, अर्थ, काम और मोक्ष की कामना मनुष्य में

स्वाभाविक होती है और उनके पालन से उसको आनंद प्राप्त होता है। इन पुरुषार्थों का भी हमने संकलित विचार किया है। यद्यपि मोक्ष को परम पुरुषार्थ माना है, तो भी अकेले उसके लिए प्रयत्न करने से मनुष्य का कल्याण नहीं हो सकता।

वास्तव में अन्य पुरुषार्थों की अवहेलना करने वाला कभी मोक्ष का अधिकारी नहीं हो सकता। इसके विपरीत शेष पुरुषार्थों को लोक-संग्रह के विचार से, निष्काम भाव से करने वाला व्यक्ति कर्म-बंधन से मुक्त होकर मोक्ष का अधिकारी होगा। अर्थ के अंतर्गत आज की परिभाषा के अनुसार राजनीति और अर्थनीति का समावेश होता है। पुरानी परिभाषा में 'दंडनीति और वार्त्ता' अर्थ के अंतर्गत आती है। काम का संबंध मानव की विभिन्न कामनाओं की पूर्ति से है। धर्म में उन सभी नियमों, व्यवस्थाओं,आचरण-संहिताओं तथा मूलभूत सिद्धांतों का अंतर्भाव होता है, जिनसे अर्थ, काम और मोक्ष की सिद्धि हो। इस प्रकार धर्म आधारभूत पुरुषार्थ है, किंतु फिर भी तीनों अन्योन्याश्रित तथा एक-दूसरे के पूरक और पोषक हैं। धर्म से अर्थ की सिद्धि होती है। यदि व्यापार भी करना हो तो मनुष्य को सदाचरण,संयम, त्याग, तपस्या, अक्रोध, क्षमा, धृति, सत्य आदि धर्म के लक्षणों का निर्वाह करना पड़ेगा, बिना इन गुणों के पैसा नहीं कमाया जासकता। साधन के रूप में तो धर्म को मानना ही पड़ेगा।

अमरीका वालों ने कहा, 'व्यापार के मामले में सत्यनिष्ठा सर्वश्रेष्ठ नीति है। (Honesty is the best business Policy),' यूरोप के लोगों ने कहा, 'सत्यनिष्ठा सर्वश्रेष्ठ नीति है। (Honesty is the best Policy)।' हमारा उनसे एक कदम आगे चलकर कहना है कि'सत्यनिष्ठा नीति नहीं अपितु सिद्धांत है। (Honesty is not a Policy but principle), अर्थात् धर्म में हमारा विश्वास केवल उसकी साधनता के कारण नहीं अपितु स्वयं है। राज्य का आधार भी हमने धर्म को माना है। अकेली दंडनीति राज्य को चला नहीं सकती। समाज में धर्म न हो तो राज्य नहीं टिक सकेगा। काम पुरुषार्थ भी धर्म के सहारे ही सधता है। भोजन उपलब्ध होने के उपरांत कब, कहाँ,कितना, कैसा और कैसे उसका उपयोग हो, यह तो धर्म ही निश्चित करेगा? अन्यथा रोगी ने यदि स्वस्थ व्यक्ति का भोजन किया और स्वस्थ ने रोगी का, तो दोनों का ही अकल्याण होगा। मनुष्य की मनमानी को रोकने, उसके स्वैराचरण पर लगाम लगाने तथा प्रेय पीछे श्रेय को न

भूलने देने में धर्म ही सहायक होता है। अतः हमारे यहाँ धर्मका विशेष महत्त्व है। धर्म महत्त्वपूर्ण है, परंतु यह भी नहीं भूलना चाहिए कि अर्थ के अभाव में धर्म नहीं टिक पाता। एक सुभाषित है– 'बुभुक्षितः किं न करोति पापम्, क्षीणाः नराः निष्करुणाः भवन्ति,' भूखा सब पाप कर सकता है। विश्वामित्र जैसे ऋषि ने भी भूख से पीडित होकर शरीर धारण करने के लिए चांडाल के घर में चोरी करके कुत्ते का जूठा मांस खाया था। अतः हमारे यहाँ आदेश है कि अर्थ का अभाव नहीं होने देना चाहिए, क्योंकि वह धर्म का द्योतक है। इसी प्रकार दंडनीति काअभाव अर्थात् अराजकता भी धर्म के लिए हानिकारक होती है। उसमें 'मत्स्यन्याय' काम करने लगता है। अतः राज्य की स्थापना धर्म के लिए अत्यंत आवश्यक है।

अर्थ के अभाव के समान ही अर्थ का प्रभाव भी धर्म का चालक होता है। प्रभाव का अभिप्राय आधिक्य मात्र नहीं है। जब व्यक्ति और समाज में अर्थ साधन न रहकर साध्य बन जाए तथा जीवन की सभी विभूतियाँ अर्थ से ही प्राप्त हों, तो वहाँ अर्थ का प्रभाव उत्पन्न हो जाता है और वह अर्थ संचय के लिए नानाविध पाप करता है। इसी प्रकार जिस व्यक्ति के पास अधिक धन हो, उसके विलासी बन जाने की संभावना बनी रहती है। जहाँ व्यक्ति को अर्थ के सदुपयोग का ज्ञान नहीं होता, वहाँ भी अर्थ का प्रभाव होता है। जहाँ 'गौण अर्थ' अर्थात् मुद्रा तथा उपभोक्ता वस्तुओं के लिए लगने वाली उत्पादक वस्तुओं का आधिक्य हो, वहाँ भी अर्थ का प्रभाव होता है। इन सभी प्रकार के अर्थ के प्रभावों से बचना चाहिए। इसके लिए शिक्षा, संस्कार, दैवी संपदायुक्त व्यक्तियों का निर्माण तथा अर्थव्यवस्था का उपयुक्त ढाँचा आदि का सहारा लेना आवश्यक होता है।

अर्थ के अंतर्गत दंडनीति भी आती है। उसका प्रभाव भी धर्म के लिए हानिकारक होता है। राजा को बताया जाता है कि उसे न 'क्षीणदंड' होना चाहिए और न 'उग्रदंड' होना चाहिए, अपितु 'मृदुदंड' होना चाहिए। यदि शासक दंडनीति का अत्यधिक सहारा लेता है तो प्रजा में विद्रोह की भावना पैदा हो जाती है। जब धर्मभाव के स्थान पर दंड ही प्रजा के आचरण का नियामक बन जाए तो दंडनीति का प्रभाव हो जाता है तथा धर्म का ह्रास होने लगता है। निरंकुश राजाओं के शासन में धर्म की ग्लानि का यह प्रमुख कारण है। राज्य जब सब प्रकार की विभूतियों को अपने अधीन कर लेता है, तब भी उसका प्रभाव पैदा

होकर धर्म की हानि होती है। राज्य की शक्ति और क्षेत्र अमर्यादित हो गए तो संपूर्ण जनता राज्यमुखापेक्षी बन जाती है। वहाँ राज्य का प्रभाव हो जाता है। राज्य में कर्तव्य-भावना के स्थान पर आसक्ति पैदा हो जाती है। ये सब प्रभाव के लक्षण हैं। इन अवस्थाओं में धर्म को धक्का लगता है, अतः अर्थ का दोनों ही दृष्टि से प्रभाव नहीं होने देना चाहिए। काम का भी इसी प्रकार विचार किया गया है। काम पुरुषार्थ की ओर किंचित् भी ध्यान दिया नहीं गया तो धर्म की हानि होगी। बिना भोजन के धर्म नहीं चल सकता। मन को संतोष देने वाली ललित कलाओं, यज्ञ-यागादि कर्मों की अवहेलना हुई तो धर्म का पालन करने वाले संस्कार नहीं होंगे। मानव विकृत होगा तथा धर्म की हानि होगी। दूसरी ओर रोग के ग्लटन्स (Gluttons) की भाँति हम पेटू और विलासी बन गए अथवा ययाति की भाँति काम-मोहित होकर अपने सभी कर्तव्यों को भूल गए, तो भी धर्म की हानि होगी। अतः धर्म के अविरोधी काम पुरुषार्थ का अवश्य निर्वाह करना चाहिए।

इस प्रकार हमने व्यक्ति के जीवन का पूर्णता के साथ संकलित विचार किया है। उसकी सभी भूखों को मिटाने की व्यवस्था की है। किंतु यह ध्यान रखा है कि एक भूख को मिटाने के प्रयत्न में दूसरी भूख न पैदा कर दें अथवा दूसरे के मिटाने का मार्ग बंद न कर दें। इस हेतु चारों पुरुषार्थों का संकलित विचार हुआ है। यह पूर्ण मानव की, एकात्म मानव की कल्पना है, जो हमारा आराध्य तथा हमारी आराधना का साधन, दोनों ही है। एकात्म मानव विचार भारतीय और भारत-बाह्य सभी चिंतनधाराओं का सम्यक् आकलन करके चलता है। उनकी शक्ति और दुर्बलताओं को भी परखता है और एक ऐसा मार्ग प्रशस्त करता है, जो मानव को अब तक के उसके चिंतन, अनुभव और उपलब्धि की मंजिल से आगे बढ़ा सके। पाश्चात्य जगत् ने भौतिक उन्नति तो की, किंतु उसकी आध्यात्मिक अनुभूति पिछड़ गई। भारत भौतिक दृष्टि से पिछड़ गया और इसलिए उसकी आध्यात्मिकता शब्द मात्र रह गई। 'नाऽयमात्मा बलहीनेनलभ्यः' अर्थात् अशक्त आत्मानुभूति नहीं कर सकता। बिना अभ्युदय के निःश्रेयस की सिद्धि नहीं होती। अतः आवश्यक है कि 'बलमुपास्व' के आदेश के अनुसार हम बल-संवर्धन करें, अभ्युदय के लिए प्रयत्नशील हों, जिससे अपने रोगों को दूर कर स्वास्थ्य लाभ कर सकें तथा विश्व के लिए भार न बनकर उसकी प्रगति में साधक हो सकें।

एकात्म मानववाद एवं भारत का भविष्य

एकात्म मानववाद का उद्देश्य व्यक्ति एवं समाज की आवश्यकता को संतुलित करते हुए प्रत्येक मानव को गरिमापूर्ण जीवन सुनिश्चित करना है। यह प्राकृतिक संसाधनों के संधारणीय उपभोग का समर्थन करता है जिससे कि उन संसाधनों की पुनः पूर्ति की जा सके।

एकात्म मानववाद का विचार सतत पोषणीय विकास की अवधारणा के समीप है, सतत पोषणीय विकास का अर्थ है- 'एक ऐसा विकास जिसमें भविष्य में आने वाली पीढ़ियों की आवश्यकता पूर्ति को प्रभावित किए बिना वर्तमान पीढ़ी द्वारा अपनी आवश्यकता की पूर्ति करना। सतत विकास लक्ष्यों का उद्देश्य सबके लिये समान, न्यायसंगत, सुरक्षित, शांतिपूर्ण, समृद्ध और रहने योग्य विश्व का निर्माण करना और विकास के तीनों पहलुओं, अर्थात सामाजिक समावेश, आर्थिक विकास और पर्यावरण संरक्षण को व्यापक रूप से समाविष्ट करना है।

भारत लंबे अरसे से सतत विकास के पथ पर आगे बढ़ने का प्रयास कर रहा है और इसके मूलभूत सिद्धांतों को अपनी विभिन्न विकास नीतियों में शामिल करता आ रहा है। भारत सरकार की विभिन्न योजनाओं के अंतर्गत एजेंडा 2030 के एक महत्त्वपूर्ण लक्ष्य गरीबी दूर करने के उद्देश्यपूर्ति के लिये सबसे निर्धन वर्ग के कल्याण को प्रमुखता दी गई है। सरकार द्वारा कार्यान्वित किये जा रहे अनेक कार्यक्रम सतत विकास लक्ष्यों के अनुरूप हैं, जिनमें मेक इन इंडिया, स्वच्छ भारत अभियान, बेटी बचाओ-बेटी पढ़ाओ, राष्ट्रीय ग्रामीण पेयजल कार्यक्रम, राष्ट्रीय स्वास्थ्य मिशन, प्रधानमंत्री आवास योजना-ग्रामीण और शहरी दोनों, प्रधानमंत्री ग्राम सड़क योजना, डिजिटल इंडिया, दीनदयाल उपाध्याय ग्राम ज्योति योजना, स्किल इंडिया और प्रधानमंत्री कृषि सिंचाई योजना शामिल हैं। इसके अलावा अधिक बजट आवंटनों से बुनियादी सुविधाओं के विकास और गरीबी समाप्त

करने से जुड़े कार्यक्रमों को बढ़ावा दिया जा रहा है।

एकात्म मानववाद के विचार के द्वारा पंडित दीनदयाल उपाध्याय जी भी सम्पूर्ण तथा सतत पोषणीय विकास को ही आगे बढ़ाने की बात कहते है। आज वैश्विक स्तर पर एक बड़ी जनसंख्या गरीबी में जीवन यापन कर रही है। विश्वभर में विकास के कई मॉडल लाए गए लेकिन आशानुरूप परिणाम नहीं मिला। अतः दुनिया को एक ऐसे विकास मॉडल की तलाश है जो एकीकृत और संधारणीय हो। एकात्म मानववाद ऐसा ही एक दर्शन है जो अपनी प्रकृति में एकीकृत एवं संधारणीय है। एकात्म मानववाद न केवल राजनीतिक बल्कि आर्थिक एवं सामाजिक लोकतंत्र एवं स्वतंत्रता को भी बढ़ाता है। यह सिद्धांत विविधता को प्रोत्साहन देता है अतः भारत जैसे विविधतापूर्ण देश के लिए यह सर्वाधिक उपयुक्त है। एकात्म मानववाद का उद्देश्य प्रत्येक मानव को गरिमापूर्ण जीवन प्रदान करना है एवं 'अंत्योदय' अर्थात समाज के निचले स्तर पर स्थित व्यक्ति के जीवन में सुधार करना है अतः यह दर्शन न केवल भारत अपितु सभी विकासशील देशों में सदैव प्रासंगिक रहेगा।

एकात्म मानववाद के अनुसार हमारी अर्थव्यवस्था उद्देश्य होना चाहिए प्रत्येक व्यक्ति को न्यूनतम जीवन स्तर की आश्वस्ति तथा राष्ट्र की सुरक्षा सामर्थ्य की व्यवस्था करना। इस स्तर के उपरांत उत्तरोत्तर समृद्धि, जिससे व्यक्ति और राष्ट्र को वे साधन उपलब्ध हो सके जिनसे वह अपनी चिति के आधार पर विश्व की प्रगति में योगदान कर सके। उपयुक्त लक्ष्यों की सिद्धि के लिए प्रत्येक सबल एवं स्वस्थ्य व्यक्ति को रोजगार का अवसर देना तथा प्रकृति के साधनों को मितव्ययिता के साथ उपयोग करना। राष्ट्र के उत्पादक उत्पादनों का विचार कर अनुकूल प्रौद्योगिकी का विकास करना। यह व्यवस्था मानव की अवहेलना न कर उसके विकास में साधक हो तथा समाज के सांस्कृतिक एवं अन्य जीवन मूल्यों की रक्षा करे।

विभिन्न उद्योगों आदि में राज्य, व्यक्ति अन्य संस्थाओं के स्वामित्व का निर्णय व्यावहारिक आधार पर हो। आज की परिस्थिति में यदि किन्ही दो शब्दों का प्रयोग कर अपनी अर्थव्यवस्था की दिशा के परिवर्तन को बताना हो तो वे है विकेन्द्रीकरण और स्वदेशी हम आज जो रचना कर रहे है उसमें केन्द्रीकरण जाने अथवा अनजाने में हमारी

श्रद्धा का विषय बन गया है। केन्द्रीकरण ही आर्थिक है, यह हमारी मान्यता बन गयी है और इसलिए उसके दुष्परिणाम की चिंता न करते हुए अथवा जानकर भी विवशता ने हम उसी ओर बढ़ रहे है। यही हाल स्वदेशी का है। स्वदेशी की कल्पना बीते युग की तथा मतिगामीपन की द्योतक समझी जाती है। विदेशों की हर वस्तु हम बड़े चाव से ले रहे है। विचार, व्यवस्था, पद्धति, पूंजी, उत्पादन प्रणाली, प्रौद्योगिकी तथा उपभोग के मानदण्ड सभी क्षेत्रों में हम विदेशों पर निर्भर है। यह प्रगति का रास्ता नहीं। इससे विकास नहीं होगा। हम अपने स्व को विस्तृत कर परतंत्र हो जायेंगे। स्वदेशी के भावात्मक रूप को समझ कर हमें उसके सृजन का आधार एवं अविलंब बनाना चाहिए।

एकात्म मानववाद के विचार अनुसार यह स्पष्ट है कि अनेक पुरानी संस्थायें बदलेंगी और नई जन्म लेगी, परन्तु हमें यथास्थिति का मोह त्यागकर नव निर्माण करना होगा। हमारी रचना में प्राचीन के प्रति अश्रद्धा एवं अवज्ञा का भाव नहीं होना चाहिए, परन्तु उससे चिपटे रहने की भी आवश्यकता नहीं है। हमे परिवर्तन की दिशा कौन सी होगी इसका विचार करना होगा। हमने मानव के समग्र एवं संकल्पित रूप का थोड़ा विचार किया है। इस आधार पर हम चलें तो हम भारतीय संस्कृति के शाश्वत मूल्यों के साथ राष्ट्रीयता, प्रजातंत्र, समता और विश्व एकता के आदर्शों को एक समन्वित रूप में रख सकेंगे। इनके बीच का विरोध नष्ट होकर वे परस्पर पूरक होंगे। मानव अपनी खोई हुई प्रतिष्ठा और जीवनोद्देश्य को प्राप्त कर सकेगा। एकात्म मानववाद अनुसार हम राष्ट्र को, सबल, समृद्ध और सुखी बनाने का संकल्प लेकर चले है। अतः इस अधिष्ठान पर हमें राष्ट्र रचना का व्यावहारिक प्रयत्न करना होगा। हमने अपनी प्राचीन संस्कृति का भी विचार किया है। किंतु हम कोई पुरातत्त्वेत्ता नहीं है। हम किसी पुरातत्व संग्रहालय के संरक्षक बनकर नहीं बैठना चाहते। हमारा ध्येय संस्कृति का संरक्षण नहीं अपितु उसे गति देकर सजीव व सक्षम बनाना है। उसके आधार पर राष्ट्र की धारणा हो और हमारा समाज स्वस्थ एवं विकासोन्मुख जीवन व्यतीत कर सके, इसकी व्यवस्था करनी है। इस दृष्टि से हमें अनेक रूढ़ियां खत्म करनी होगी, बहुत से सुधार करने होंगे। वे हमारे मानव का विकास और राष्ट्र की एकात्मता की वृद्धि में पोषक हो और जो बाधक हो उसे हटायेंगे। आज यदि समाज में छुआछूत और भेदभाव घर कर पाये है, जिसके कारण लोग मानव को मानव समझकर नहीं चलते और

जो राष्ट्र की एकता के लिए घातक सिद्ध हो रहे है तो हम उनको खत्म करेंगे। हमें उन संस्थाओं का निर्माण करना होगा जो हमारे अंदर कर्मचेतना पैदा करें, हमें स्वकेन्द्रित एवं स्वार्थी बनाने के स्थान पर राष्ट्रसेवी बनायें अपने बंधुओं के प्रति सहानुभूतिपूर्ण दृष्टिकोण ही नहीं उनके प्रति आत्मीयता और प्रेम पैदा करें। इस प्रकार की संस्थायें ही वास्तव में हमारी चिति का आविष्कार कर सकेंगी।

एकात्म मानववाद के विचार के अनुसार जैसे राष्ट्र का आधार चिति होती है, वैसे ही जिस शक्ति से राष्ट्र की धारणा होती है, उसे "विराट" कहते है। "विराट" राष्ट्र की वह कर्मशक्ति है जो चिति से जाग्रत एवं संगठित होती है। विराट का राष्ट्र जीवन में वही स्थान है जो शरीर में प्राण का है। प्राण से ही सभी इन्द्रियों को शक्ति मिलती है, बुद्धि को चैतन्य प्राप्त होता है और आत्मा शरीरस्थ रहता है। राष्ट्र में भी विराट के सबल होने पर ही उसके भिन्न-भिन्न अवयव अर्थात संस्थायें सक्षम और समर्थ होती है। अन्यथा संस्थागत व्यवस्था केवल दिखावा मात्र रहे जाते है। विराट के आधार पर ही प्रजातंत्र सफल होता है और राज्य बलशाली बनता है। इसी अवस्था से राष्ट्र की विविधता उसकी एकता के लिये बाधक नहीं होती। भाषा, व्यवसाय आदि भेद तो सभी जगह होते है। किंतु यहां विराट जाग्रह रहता है, वहां संघर्ष नहीं होते है। सब लोग शरीर के भिन्न-भिन्न अवयवों की भांति या कुटुम्ब के घटकों के समान परस्पर पूरकता से काम करते रहते है।

हमे अपने राष्ट्र के विराट को जाग्रत करने का काम करना है। अपने प्राचीन के प्रति गौरव का भाव लेकर, वर्तमान का यथार्थवादी आकंलन कर और भविष्य की महत्वाकांक्षा लेकर हम इस कार्य से जुट जायें। विश्व का ज्ञान और आज तक की अपनी संपूर्ण परंपरा के आधार पर हम ऐसा भारत निर्माण करेंगे जो हमारे पूर्वजों के भारत से अधिक गौरवशाली होगा। जिसमें जन्मा मानव अपने व्यक्तित्व का विकास करना हुआ संपूर्ण मानव ही नहीं अपितु सृष्टि के साथ एकात्मता का साक्षात्कार कर नर से नारायण बनने में समर्थ हो सकेगा। यह हमारी संस्कृति का शाश्वत, दैवी और प्रवाहमान रूप है। चौराहे पर खड़े विश्व मानव के लिए यही हमारा दिग्दर्शन है।

दीनदयाल उपाध्याय जी का एकात्म मानव दर्शन प्राचीन भारतीय संस्कृति की अवधारणा "वसुधैव कुटुम्बकम" एवं "सर्वे भवन्तु सुखिनः" का दूसरा रूप हैं। पंडित

दीनदयाल का वैचारिक चिंतन शाश्वत विचारधारा से जुडता हैं। इनके आधार पर वे राष्ट्र भाव को समझने का प्रयास करते हैं। मानव जीवन की सुसंगता व सामंजस्य मानव समूह, राष्ट्र और सृष्टि के साथ कैसे स्थापित होगा, जीवन से दुख, अभाव, शोषण, विषमता आदि को हटाकर सुख, समृद्धि, सामजस्य, सेवाभाव, समता, समानता लाने वाली नीतियां क्या होगी? एक कल्याणकारी राज्य की स्थापना किस प्रकार हो सकती हैं? युगानुकूल सामाजिक पुनर्रचना कैसे सम्भव हो सकती हैं? जैसे सारे प्रश्नों के उत्तर देने का प्रयास हैं-एकात्म मानव दर्शन। एकात्म मानव दर्शन एक ऐसा दर्शन हैं जो हमारी प्राचीन ऋषि परम्परा से जुड़ा हुआ हैं जिसके केंद्र में केवल व्यक्ति या सत्ता नहीं बल्कि व्यक्ति, मन, बुद्धि और आत्मा इन चारों का बराबर महत्व हैं। प्रत्येक प्राणी में आत्मा का निवास होता हैं और यह उसी परमात्मा का अंश हैं। इसीलिए प्राणी-प्राणी में विभेद नहीं हो सकता हैं। समरसता ही मूल हैं। यही एकात्म दर्शन हैं। पाश्चात्य दर्शन जगत का अधिकांश चिंतन उपभोगवाद पर आधारित हैं जिसके मूल मेंव्यक्ति एवं भौतिक विकास हैं। व्यक्ति को अपने लिए अधिकतम सुख-सुविधाएं एवं संसाधन जुटाने एवं उसके लिए सतत् प्रयासरत रहने का अधिकार हैं। इसी विचार का अनुकरण करते हुए प्राकृतिक संसाधनों का निर्दयतापूर्वक बेहिसाब अंधाधुंध दोहन किया गया। बहुत सी वैज्ञानिक खोजें हुई जिन्होने मानव जीवन को सरल व सुविधादायक बनाया, भौतिक विकास भी बहुत हुआ किन्तु प्रकृति विनाश के कगार पर पहुंच गई। अब प्राकृतिक संसाधनो एवं प्रकृति को बचाने के लिए समस्त विश्व प्रयासरत हैं। एकात्म मानव दर्शन प्रकृति व प्राणियों को परस्पर पूरक मानता हैं एवं प्रकृति में ईश्वर के दर्शन करता है। यह दर्शन उनके सहअस्तित्व में विश्वास करता हैं। यह भौतिक विकास के साथ-साथ आध्यात्मिक विकास को भी आवश्यक मानता हैं।

आजाद भारत में कांग्रेस पार्टी अपार बहुमत के साथ एक नवीन ऊर्जा, उसाह एवं विश्वास के साथ शासन व्यवस्था संचालन में संलग्न हो गई। उस नव स्थापित व्यवस्था व परिस्थिति में विपक्ष की भूमिका नगण्य होते हुए भी पं० दीनदयाल उपाध्याय जी ने जनसंघ के रूप में एक सशक्त विपक्ष व वैचारिक चिंतन जगत को 'एकात्म मानव दर्शन' दिया किन्तु तत्कालीन परिस्थितियों में उनकी नीतियां व वैचारिक दर्शन को महत्व नहीं दिया गया जिसक परिणाम यह हैं कि आज राष्ट्र विभिन्न समस्याओं से जूझ रहा हैं। यदि

समय रहते राष्ट्र में नीतियों और दर्शन का अनुकरण किया गया होता तो राष्ट्र की छवि कुछ और होती। भारत ही नहीं वरन सम्पूर्ण विश्व में मानवता मूलक समाज की स्थापना के लिए एकात्म मानव दर्शन प्रासंगिक रहेगा।

आजादी के बाद पश्चिमी राजनैतिक चिन्तन व विचारधारा ने मानव को 'सेक्यूलरवाद, व्यक्तिवाद (पूंजीवाद) समाजवाद एवं साम्यवाद की अलग अलग विचार धाराएं दी तथा माना कि सम्पूर्ण विश्व को विशेषकर भारत को भी इन्हीं विचारों का अनुसरण करना होगा, इसी कारण स्वतंत्र भारत का नेतृत्व भी इन्हीं वादों और विचारधारा के आसपास में भारत के भविष्य की खोज करता रहा। पंडित दीनदयाल जी ने इस विचारधारा के विपरीत एकात्म मानव दर्शन' की विचारधारा देकर दुनिया और भारत की राजनीति और सामाजिक कल्याण पर यह सवाल खड़ा कर दिया कि जब हमने पाश्चात्य साम्राज्यवाद को नकार दिया, तब अब हमारी क्या मजबूरी है कि हम पाश्चात्य वादों, विचारों व नीतियों का अनुशरण करें।

आजादी के पश्चात भारतीय राजनीती और आम जनमानस के विचार व अंतर्मन में यह बात गहराई से बैठाई गयी कि पश्चिमी देशों की राजनैतिक चिन्तन व विचारधारा को ही हमे अपनाना होगा। हमें कुछ संशोधनों के साथ इन पाश्चात्य वादों को ही स्वीकारना पडेग़ा क्योंकि हमारे पास अपना कोई अन्य चिंतन नहीं है। हम तो राष्ट्र थे ही नहीं। पाश्चात्यों ने ही आकर हमको राष्ट्र बनने के लिए तैयार किया है। उनका विचार था कि हमारी उत्पति अब एक नवीन राष्ट्र के रूप में होने जा रही है या हम नवोदित राष्ट्र है। परन्तु पंडित दीनदयाल जी भारत को सदैव से ही एक प्राचीन एवं सनातन राष्ट्र मानते थे। उनका मानना था कि पश्चिम की राष्ट्र-राज्य परिकल्पना से पुरानी कल्पना भारत के 'सांस्कृतिक राष्ट्रवाद' की है। भारतीय संस्कृति की एक गौरवसम्पन्न ज्ञान-परम्परा हैं हमें इसी ज्ञान-परम्परा में भारत का भविष्य खोजना चाहिए।

पंडित जी का मत था कि मानव और मानवता को देखने की पाश्चात्य दृष्टि खण्डित और विभाजित हैं उनका व्यक्तिवाद, समाजवाद के विपरीत है तथा समाजवाद, व्यक्तिवाद का शत्रु है। वे प्रकृति पर मानव की विजय चाहते हैं तथा उनका मानना गई कि मनुष्य को यदि अपना विकास करना है तो उसे प्रकृति का शोषण व दोहन करना ही होगा। इस प्रकार

यहां भी प्रकृति बनाम मानव उनका समीकरण है। सेक्यूलरवाद को अपना कर उन्होंने अपने सार्वजनिक जीवन को अध्यात्म से अलग कर लिया, अतः भौतिकवाद बनाम अध्यात्म, स्टेट बनाम चर्च तथा रिलिजन बनाम सांइस के द्वंद्वमूलक समीकरण पश्चिम में उत्पन्न हुये।

दीनदयाल जी मानते थे कि पश्चिम की यह बहस भी एक मानवीय बहस है, इसे हमें जानना चाहिए तथा इससे कुछ सीखना भी चाहिये, लेकिन हमें इन द्वंद्वमूलक निष्कर्षों का अनुयायी नहीं बनना चाहिये। अतः मौलिक भारतीय चिन्तन के आधार पर उन्होंने यह एकात्म मानववाद का विचार दिया कि भारतीय विचार व्यक्ति बनाम समाज नहीं वरन व्यक्ति और समाज की एकात्मता का विचार है। यह मानव बनाम प्रकृति नहीं वरन मानव के साथ प्रकृति की एकात्मता का विचार है। भौतिक बनाम अध्यात्मिक नहीं वरन इनकी एकात्मता का विचार है। भारत में इसे धर्म कहा गया है 'यतो अभ्युदय निःश्रेयस संसिद्धि स धर्म। ' अर्थात् यह व्यष्टि, समिष्ट, सृष्टि व परमेष्ठी की एकात्मता का विचार है। यह विचार दृश्यमान पृथकताओं में एकात्मता के सूत्र खोजता है। संसार में पृथकता नहीं विविधता हैं, जो 'पिंड' में है वही 'ब्रह्माण्ड' में है। आज मानव अपने को व्यक्ति मान कर अपनी सामाजिक संस्थाओं से युद्ध कर रहा है, परिवार, जाति, वंश , पंचायत सब को अपना दुश्मन मान रहा है। समाजवाद के नाम पर तानाशाहियों का सृजन कर रहा है, विकास के नाम पर प्रकृति से युद्ध कर रहा है, पर्यावरण का विनाश कर भयानक विभीषिकाओं को आमंत्रित कर रहा है। अध्यात्म का निषेध कर भोगेन्द्रियों का गुलाम बन रहा है। सुख की खोज में दुःख कमा रहा है तथा आनंद की अवधारणा से अपरिचित रह रहा है। भारतीय परम्परा इन पृथकताओं का निषेध करती है वह जड़-चेतन सभी से अपनी रिश्ते स्थापित करती है। धरती 'माता' है चन्द्रमा मामा है पर्वत 'देवता' है, नदियां 'माता' है। समाज का हर व्यक्ति परस्पर जुड़ा हुआ है, यह संसार परायेपन की जगह नहीं, यह 'वसुधा तो एक कुटुम्ब' है आदि विचार मानव को असम्बद्धता, पृथकता तथा द्वन्द्वशीलता के सम्बंधों से निजात दिलाते है।

एकात्मता, समग्रता में निहित रहती है। समग्रता के अभाव में खण्ड दृष्टि से मानव आक्रांत होता है। जैसे ब्रह्माण्ड की समग्रता है, वैसे ही व्यक्ति की भी समग्रता है। व्यक्ति

अर्थात केवल शरीर नहीं, उसके पास मन है, बुद्धि है और आत्मा भी है। यदि इन चारों में से एक की भी उपेक्षा हो जाये तो व्यक्ति का सुख विकलांग हो जायेगा। इन चारों के पृथक पृथक सुख से व्यक्ति सुखी नहीं होता, उसे तो एकात्म एवं धनीभूत सुख चाहिये। जिसे आनंद कहते है। वैसे ही समाज केवल सरकार नहीं है, उसकी अपनी संस्कृति है, जन एवं देश है। इन चारों के सम्यक संचालन के बिना समष्टि के सुख का संधान नहीं होता।

इस प्रकार सृष्टि के पंच-महाभूत (पृथ्वी, जल, आकाश, प्रकाश व वायु) हैं, जिनके साथ न्याय-संगत व्यवहार होना चाहिये तथा अदृश्य किन्तु अनुभूति में आने वाले आध्यात्मिक तत्वों से भी योग्य साक्षात्कार होना चाहिये। तभी मानव सुखी होगा। व्यष्टि, समष्टि, सृष्टि तथा परमेष्ठी से एकात्म हुआ मानव ही विराट पुरुष है। इसके पुरुषार्थ चतुर्यामी है 'धर्म, अर्थ काम और मोक्ष' ये पुरुषार्थ मानव की परिस्थति निरपेक्ष आवश्यकतायें हैं, इनकी सम्पूर्ति करना समाज व्यवस्था का काम है। धर्म-अर्थात शिक्षा-संस्कार एवं विधि व्यवस्था। अर्थ-साधन पुरुषार्थ है। धर्मानुसार अर्थव्यवस्था, रोजगार, उत्पादन, वितरण एवं उपयोग आदि। काम-'धर्माविरुद्धो कामोऽहम्' (जो धर्म के अविरूद्ध हैं, मैं वह काम हूँ - गीता) समस्त एषणायें इसके अन्तर्गत आती है, उनको सांस्कृतिक उपागम प्रदान करना संगीत एवं विविध कलाओं के माध्यम से एषणाओं को सकारात्मक बनाना। धर्म विरुद्ध काम पुरुषार्थ नहीं, वरन विकार है। मोक्ष-परम पुरुषार्थ है, जब व्यक्ति अभाव व प्रभाव की कुण्ठाओं से मुक्त हो जाता है। अब इसे कुछ नहीं चाहिये 'विगतस्य कुण्ठः इति वैकुण्ठ।'

यह समस्त एकात्म मानववाद का भारतीय विचार राष्ट्रनीति एवं राजनीति का केन्द्रीय आधार विषय होना चाहिये। इसके आधार पर देश की समस्त राजनीतीक, सामाजिक, सांस्कृतिक, विदेशी, आर्थिक एवम् कल्याणकारी नीतियों का निर्माण किया जाना चाहिये।

संस्कृति और शिक्षा

भारतीयता' (भारत की राष्ट्रीयता) राजनीति के माध्यम से नहीं बल्कि संस्कृति के माध्यम से प्रकट हो सकती है। अगर हमारे पास कुछ है जो हम दुनिया को सिखा सकते हैं, तो वह है सांस्कृतिक सहिष्णुता की भावना और कर्तव्य के प्रति समर्पित जीवन।

पंडित दीनदयाल उपाध्याय

पंडित दीनदयाल उपाध्याय जी के अनुसार संस्कृति भारत का मूल शब्द नहीं है भारत का मूल शब्द 'संस्कार' है संस्कृत शब्द कस्टम का हिंदी अनुवाद मान लिया गया है परंतु भारत के साहित्य या वेदों में कहीं भी संस्कृती शब्द का उल्लेख नहीं किया गया है हमारे यहां मूलतः संस्कार शब्द का प्रयोग हुआ है और संस्कार से ही संस्कृति की उत्पत्ति होती है। संस्कृति शब्द के साथ अलग अलग प्रकार के विचार जुड़े हुए है जिनमें एक मत का कहना है कि संस्कृति किसी समाज में गहराई तक व्याप्त गुणों के समग्र रूप का नाम है, जो उस समाज के सोचने, विचारने, कार्य करने, खाने-पीने, बोलने, नृत्य, गायन, साहित्य, कला, वास्तु आदि में परिलक्षित होती है। संस्कृति का वर्तमान रूप किसी समाज के दीर्घ काल तक अपनायी गयी पद्धतियों का परिणाम होता है।

'संस्कृति' शब्द संस्कृत भाषा की धातु 'कृ' (करना) से बना है। इस धातु से तीन शब्द बनते हैं 'प्रकृति' (मूल स्थिति), 'संस्कृति' (परिष्कृत स्थिति) और 'विकृति' (अवनति स्थिति)। जब 'प्रकृत' या कच्चा माल परिष्कृत किया जाता है तो यह संस्कृत हो जाता है और जब यह बिगड़ जाता है तो 'विकृत' हो जाता है। अंग्रेजी में संस्कृति के लिये 'कल्चर' शब्द प्रयोग किया जाता है जो लैटिन भाषा के 'कल्ट या कल्टस' से लिया गया है, जिसका अर्थ है जोतना, विकसित करना या परिष्कृत करना और पूजा करना। संक्षेप में, किसी वस्तु को यहाँ तक संस्कारित और परिष्कृत करना कि इसका अंतिम उत्पाद हमारी प्रशंसा और सम्मान प्राप्त कर सके। यह ठीक उसी तरह है जैसे संस्कृत

भाषा का शब्द 'संस्कृति'।

वहीं कुछ विचारक कहते है कि संस्कृति अंग्रेजी शब्द culture का पर्याय माना जाता है। culture शब्द की व्युत्पत्ति लाटिन भाषा की colers से निष्पन्न cultura शब्द से हुई है। Culture शब्द का दूसरा अर्थ पूजा करना है। यह शब्द आध्यात्मिक प्रवृत्ति की ओर से संकेत करता है। संस्कृति के बारे में डॉ. नगेंद्र ने लिखा है कि – "धार्मिक मान्यताओं एवं व्यवहारों का संग्रह है।"

संस्कृति के संबंध में एक मत कहता है कि "संस्कृति" शब्द लैटिन से आया है और इसका मूल अर्थ "खेती" था। आजकल, यह लोगों के एक समूह की साझा मान्यताओं, मूल्यों और प्रथाओं को संदर्भित करता है। इतिहास में, यह किसी समाज या सभ्यता के जीवन के विशिष्ट तरीके का वर्णन कर सकता है। आधुनिक समय में, इसमें लोकप्रिय संस्कृति और पारंपरिक प्रथाएँ जैसी चीजें शामिल हैं।

पंडित दीनदयाल उपाध्याय जी संस्कृति के अर्थ को मानव के कल्याण और मानवीय मूल्यों के विकास के साथ जोड़ कर देखते है। उनके अनुसार संस्कृति का शब्दार्थ है उत्तम या सुधरी हुई स्थिति। मनुष्य स्वभावतः प्रगतिशील प्राणी है। यह बुद्धि के प्रयोग से अपने चारों ओर की प्राकृतिक परिस्थिति को निरन्तर सुधारता और उन्नत करता रहता है। ऐसी प्रत्येक जीवन पद्धति, रीति-रिवाज रहन-सहन आचार-विचार नवीन अनुसन्धान और आविष्कार, जिससे मनुष्य पशुओं और जंगलियों के दर्जे से ऊँचा उठता है तथा सभ्य बनता है, सभ्यता और संस्कृति का अंग है। सभ्यता (Civilization) से मनुष्य के भौतिक क्षेत्र की प्रगति सूचित होती है जबकि संस्कृति (Culture) से मानसिक क्षेत्र की प्रगति सूचित होती है। मनुष्य केवल भौतिक परिस्थितियों में सुधार करके ही सन्तुष्ट नहीं हो जाता। वह भोजन से ही नहीं जीता, शरीर के साथ मन और आत्मा भी है। भौतिक उन्नति से शरीर की भूख मिट सकती है, किन्तु इसके बावजूद मन और आत्मा तो अतृप्त ही बने रहते हैं। इन्हें सन्तुष्ट करने के लिए मनुष्य अपना जो विकास और उन्नति करता है, उसे संस्कृति कहते हैं। मनुष्य की जिज्ञासा का परिणाम धर्म और दर्शन होते हैं। सौन्दर्य की खोज करते हुए वह संगीत, साहित्य, मूर्ति, चित्र और वास्तु आदि अनेक कलाओं को उन्नत करता है। सुखपूर्वक निवास के लिए सामाजिक और राजनीतिक संघटनों का

निर्माण करता है। इस प्रकार मानसिक क्षेत्र में उन्नति की सूचक उसकी प्रत्येक सम्यक् कृति संस्कृति का अंग बनती है। इनमें प्रधान रूप से धर्म, दर्शन, सभी ज्ञान-विज्ञानों और कलाओं, सामाजिक तथा राजनीतिक संस्थाओं और प्रथाओं का समावेश होता है। पंडित दीनदयाल जी के अनुसार भारतीय संस्कृति ऐसी संस्कृति है जो भौतिकता और अध्यात्म दोनों के संतुलन को प्रमुखता देती है उनके अनुसार अगर कोई संस्कृति केवल भौतिकता की ओर बढ़ रही है तो वह व्यक्ति को आत्मिक सुख प्रधान नहीं कर सकती तथा अगर कोई संस्कृति केवल आध्यात्मिक संस्कृति है तो उससे भी मनुष्य का संपूर्ण कल्याण संभव नहीं है आध्यात्मिक व भौतिक संस्कृति दोनों के मेल के द्वारा ही या कहे दोनों में समन्वय के द्वारा ही मनुष्य अपने जीवन के उच्चतम लक्ष्य को प्राप्त कर सकता है।

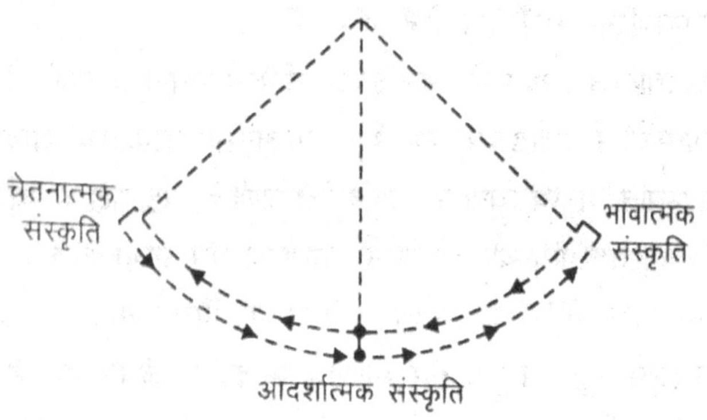

ऐसा ही विचार पश्चिमी समाजशास्त्री सोरोकिन ने अपने सिद्धांत सांस्कृतिक गतिशीलता में दिया था, सोरोकिन ने अपनी पुस्तक सोशल एण्ड कल्चरल डायनमिक्स (Social and cultural dynamics) में सामाजिक परिवर्तन के सांस्कृतिक गतिशीलता का सिद्धांत प्रस्तुत किया। उनके अनुसार संस्कृति एक सामूहिक मनोवृत्ति हैं, जो पूरे समाज में व्याप्त रहती है। जब संस्कृति अर्थात सामूहिक मनोवृत्ति में परिवर्तन होता है, तो समाज में भी परिवर्तन दिखाई देता है। सोरोकिन आगे लिखते हैं कि सामाजिक परिवर्तन एक पेन्डुलम की भांति एक अवस्था से दूसरी अवस्था के बीच परिवर्तित होता रहता है। उन्होंने मुख्य रूप से दो संस्कृतियों का उल्लेख किया - भावात्मक एवं चेतनात्मक

। लेकिन परिवर्तन के चक्र में एक स्थिति ऐसी भी आती है जहाँ भावात्मक एवं चेतनात्मक दोनों संस्कृतियों का मिश्रण दिखाई देता है। इसे सोरोकिन आदर्शात्मक संस्कृति कहते हैं। सोरोकिन यूनानी संस्कृति का अध्ययन कर संस्कृति की तीन अवस्थाओं - भावात्मक, चेतनात्मक एवं आदर्शात्मक का उल्लेख करते हैं।

पंडित दीनदयाल जी के अनुसार भी वहीं संस्कृति आदर्श संस्कृति है जिसमें भौतिकता और आध्यात्मिकता दोनों के गुण समान रूप से विध्यमान है। ऐसी संस्कृति ही मनुष्य के कल्याण के लिए सर्वाधिक लाभदायक सिद्ध हो सकती है। पंडित जी के अनुसार किसी भी देश की संस्कृति उस देश की आत्मा होती है उसका भली प्रकार से संरक्षण किया जाना आवश्यक है, जिसके के लिए शिक्षा की भूमिका सबसे अधिक महत्वपूर्ण है। उनके अनुसार शिक्षा ही है जो किसी देश की संस्कृति का संरक्षण कर सकती है। उनके अनुसार शिक्षा के मूलतः तीन कार्य या आयाम है।

1. अक्षर ज्ञान

2. संस्कार देना

3. स्वाध्याय

पहला अक्षर ज्ञान जो कि विद्यालयों और कॉलेजों द्वारा मनुष्य को उपलब्ध करवाया जा रहा है, परंतु सोचनीय विषय है कि वर्तमान में विद्यालयों और महाविद्यालयों से निकलने वाला विद्यार्थी केवल ही केवल अक्षर ज्ञान तक सीमित हो गया है। जीवन और राष्ट्र के प्रति उसका दृष्टिकोण विकसित ही नहीं हो पाता है। मैकाले की शिक्षा पद्धति भारत मे केवल पढ़े लिखे अनपढ़ पैदा कर रही है। ऐसी पढ़ी लिखी पीढ़ी जो केवल स्वयं तथा स्वयं के स्वार्थों तक ही सोच पाने में सक्षम है। मानवता, सामाजिक जीवन, राष्ट्र निर्माण जैसी विचारधारा से वे अछूते ही रह जाते है। बिना सामाजिक मूल्यों की शिक्षा केवल समाज मे अराजकता ही उत्पन्न कर सकती है। वर्तमान शिक्षा के साथ पंडित दीनदयाल उपाध्याय जी के एकात्म मानववाद का समावेश करके ही राष्ट्र गौरव से परिपूर्ण युवा तैयार किये जा सकते है, जो समाज और देश के लिए उपयोगी साबित हो सकते है। अन्यथा भारत अच्छे डॉक्टर, इंजीनियर, वकील, वैज्ञानिक, अध्यापक, खिलाड़ी आदि तो तैयार कर लेगा परन्तु अच्छे नागरिक और मनुष्य उत्पन्न नहीं कर पायेगा। जो सीधा-सीधा

भारतीय संस्कृति और भारत के पतन का कारण बनेगा।

पंडित दीनदयाल उपाध्याय जी के अनुसार शिक्षा का दूसरा आयाम है संस्कार प्रदान करना। संस्कार से यहां तात्पर्य है हमारे ऐसे अनुभव जो लोक कल्याणकारी है, जिनमें समाज और राष्ट्र का कल्याण निहित है, उन्हें अगली पीढ़ी को हस्तांतरित करना तथा पुराने गलत अनुभवों से सीखकर उन्हें वही त्याग कर देना। पंडित जी के अनुसार भारतीय संस्कृति उस गंगा की तरह है जो हजारों-हजार साल पुरानी है,परंतु उनका जल सदैव नवीन और ताजा है। इसलिए हमारे विद्यालयों, महाविद्यालयों तथा अन्य शिक्षण संस्थानों का उत्तरदायित्व है कि वे छलनी की तरह प्राचीन काल से चले आ रहे ज्ञान, अनुभव और संस्कारों को छानते हुए आने वाली पीढ़ी को राष्ट्र निर्माण, लोक निर्माण और एकात्म मानवतापूर्ण संस्कार प्रदान करें। वो विद्यार्थियों में जिज्ञासा उत्पन्न करे, साथ ही साथ शिक्षा रोजगार उन्मुख तथा उद्देश्यपूर्ण बनाएं। ताकि महाविद्यालयों से निकलने वाला युवा सड़कों पर आंदोलन नहीं अपितु कार्यस्थलों पर नवीन भारत एवं विश्वगुरू भारत के सपनों को साकार करने में जुटा हुआ हो।

डॉ. राधाकृष्णन ने भी शिक्षा के संबंध में दीनदयाल जी की तरह ही विचार प्रकट किये है उन्होंने शिक्षा का केन्द्र विद्यार्थी को माना है। अतः विद्यार्थी में नैतिक, बौद्धिक, आध्यात्मिक, सामाजिक, व्यावसायिक आदि मूल्यों का संचरण करने का प्रयास करना चाहिए। उनके अनुसार शिक्षण संस्थाओं का मुख्य उद्देश्य विद्यार्थियों को प्रकृति - प्रेम, मानवतावाद एवं समन्वय की शिक्षा प्रदान करना होना चाहिए।

पंडित दीनदयाल उपाध्याय जी के अनुसार संस्कृति का हस्तांतरण करना केवल शिक्षकों या शिक्षण संस्थानों का ही कार्य नहीं है, यह जिम्मेदारी परिवार और माता-पिता को भी निभानी होगी कि वे बाल्यकाल से ही बच्चों को भारतीय संस्कृति, परम्पराओं, सामाजिक मूल्यों, मानवतावादी दृष्टिकोण से अवगत करवाये। वे उन्हें धर्म, अर्थ, काम और मोक्ष चार पुरुषार्थों की प्राप्ति के लिए सर्वाधिक आवश्यक पुरुषार्थ धर्म की शिक्षा दे। माता पिता अगली पीढ़ी को धर्म का अर्थ तथा सबसे बड़े मानवतावादी धर्म को जीने की कला सिखाएं।

जबकि पश्चिमी सभ्यता और संस्कृति इनके विपरीत विचार रखती है। पश्चिमी देशों

का मानना है कि शिक्षा और धर्म दोनों पृथक पृथक विचार है। शिक्षा के साथ आध्यात्मिकता का समावेश नहीं होना चाहिए। स्कूल, कॉलेज और शिक्षकों का कार्य बच्चों को आध्यात्मिक शिक्षा या चरित्र प्रदान करना नहीं अपितु केवल गणित, विज्ञान, वाणिज्य, कला आदि का ज्ञान देना है। चरित्र और आध्यात्म की शिक्षा प्रदान करने का कार्य धार्मिक संस्थाएं जैसे चर्च, गिरजाघर आदि का कार्य है। राज्य को धार्मिक कार्यों में हस्तक्षेप नहीं करना चाहिए। परन्तु पश्चिम की इस विचारधारा का अनुसरण अगर भारत करता है तो भारत की शिक्षा पद्धति बिना आत्मा के मानव पैदा करेगी जो परिवार, समाज, राष्ट्र के लिए उपयोगी साबित होने की बजाएं घातक सिद्ध होगे।

पंडित के अनुसार शिक्षा का तीसरा कार्य है व्यक्ति में स्वाध्याय उत्पन्न करना। जिसका तात्पर्य है कि व्यक्ति में जिज्ञासा उत्पन्न की जाए, उसे नवीन ज्ञान प्राप्ति हेतु उन्मुख किया जाये। उसमें रोज-रोज कुछ नया और अच्छा अध्ययन करने हेतु संकल्प उत्पन्न किया जाये। क्योंकि की व्यक्ति यदि नवीन ज्ञान की ओर उन्मुख होगा तथा कुछ अच्छा अध्ययन करेगा तो उसके मन में उस ज्ञान पर विचार करने या चर्चा करने की जिज्ञासा उत्पन्न होगी, जिसके कारण वह विचारवान तथा प्रज्ञावान मनुष्यों के सम्पर्क में आयेगा जिसके कारण उसका स्वयं का तो वैचारिक एवं आध्यात्मिक विकास होगा ही परिवार, समाज और राष्ट्र को भी वह अपने अच्छे विचारों से लाभान्वित करेगा।

पं. दीनदयाल जी ने शिक्षा के महत्त्व को खुले दिल से स्वीकारा है। वे कहते हैं, "शिक्षा का संबंध जितना व्यक्ति से है, उससे अधिक समाज से। हम ऐसे मानव की कल्पना कर सकते हैं, जिसे किसी भी प्रकार की शिक्षा न मिली हो और जो सहज प्रवृत्तियों के सहारे ही जीवन यापन करता हो, किंतु बिना शिक्षा के समाज संभव नहीं।" शिक्षा की परिभाषा देते हुए उन्होंने स्पष्ट किया है, "मनुष्य विभिन्न क्षेत्रों के अपने संपूर्ण अनुभव या उसके सारभूत अंश को विभिन्न उपायों द्वारा अन्य मनुष्यों को प्रदान या संसर्गित करता है। अनुभव-प्रसारण की यही क्रिया 'शिक्षा' कहलाती है।"

शिक्षा के संदर्भ में दीनदयालजी कहते हैं, "शिक्षा जितनी अधिक व्यापक और गहरी होगी, उतनी ही समाज के लिए गांभीर्य-प्रदायक तथा पोषक होगी। शिक्षा रूपी पूँजी अर्जित करके मनुष्य कर्मक्षेत्र में उतरकर नए आयाम स्थापित कर सकता है। इसकी वृद्धि के लिए

उसे अथक प्रयत्नों और अनुभवों का सहारा लेना चाहिए। संस्कार, अध्यापन और स्वाध्याय- शिक्षा के मुख्यतः ये तीन माध्यम हैं। मनुष्य की शिक्षा का प्रारंभ उन संस्कारों द्वारा होता है, जो उसे बचपन से अपने परिवार एवं समाज द्वारा प्राप्त होते हैं। इसमें समाज का प्रत्येक व्यक्ति एक शिक्षक की भाँति कार्य करता है। माता, पिता, गुरुजन, भाई, बहन, मित्र, रिश्तेदार, सहपाठी समय-समय पर मानव के हृदय में विभिन्न प्रकार के संस्कारों के बीज बोते रहते हैं।

"अध्यापन शिक्षा-प्राप्ति का दूसरा महत्त्वपूर्ण साधन है। इसमें सामान्य अक्षर-ज्ञान से लेकर पाठ्य-पुस्तकों के अध्ययन तक का क्षेत्र सम्मिलित किया जाता है। इसके अंतर्गत वे क्रियाएँ आती हैं, जिनके द्वारा कोई व्यक्ति या व्यक्ति-समूह किसी अन्य को ज्ञान देने का चेतनापूर्ण प्रयास करता है। 'स्वाध्याय' से तात्पर्य मनुष्य के स्वयं के अध्यापन से है। इसके अंतर्गत पठन-पाठन-चिंतन द्वारा मनुष्य ज्ञान को आत्मसात् करता है। स्वाध्याय द्वारा ही मनुष्य ज्ञान को स्थिर रखते हुए उसमें निरंतर बढ़ोतरी करता है। "

दीनदयालजी ने स्वभाषा पर भी अपने विचार व्यक्त करते हुए कहा कि, "शिक्षा का माध्यम मनुष्य की स्वभाषा ही होनी चाहिए। इससे वह अलग-अलग प्रकोष्ठों में विभाजित नहीं होता। " पंडित के अनुसार निज भाषा में व्यवहार करना, मातृभाषा में पढ़ना, बोलना, समझना, जानना, बताना और समझाना, यह व्यवहार जिस समाज में होता है, वह समाज उन्नति को प्राप्त करता है और सभी प्रकार की उन्नति, सभी प्रकार के विकास, सभी प्रकार की समृद्धि का मूल यही है।

पंडित के अनुसार प्रत्येक व्यक्ति को एक संकल्प दासता के सभी निशान मिटाने का भी लेना चाहिए। आजाद भारत में यह आह्वान अत्यन्त महत्त्वपूर्ण और गहरे अर्थ वाला है। मानसिक गुलामी से मुक्ति सशक्त भारत के लिए आवश्यक है। अपनी प्राचीन विरासत पर आधारित और भविष्योन्मुखी सभ्यता की निर्मिति स्वभाषा और स्वबोध से ही हो सकती है। परायी सांस्कृतिक भूमि पर स्वबोध का समाज खड़ा नहीं हो सकता।

देश की समस्त मातृभाषाओं व राजभाषा हिंदी के समन्वय में ही भारत की प्रगति समाहित है। पराई भाषा में शिक्षा होगी, तो दास मनोवृत्ति जीवन के सभी हिस्सों में बनी रहेगी। इसलिए इस दासता से मुक्ति का तात्पर्य है अपनी भाषा, अपनी सभ्यता संस्कृति पर

न केवल गर्व करना, अपितु उसे जीवन व्यवहार में उतारना। यही वास्तविक स्वबोध है और यही वास्तविक स्वराज है। भारतीय ज्ञान परंपरा की जीवन के सभी क्षेत्रों में स्वीकृति बने, भारतीय मूल्य व्यवस्था को समाज जीवन में स्थान प्राप्त हो और सर्वत्र स्वदेशी, स्वभाषा और स्वबोध की भावना निर्मित हो। इसे प्रत्येक व्यक्ति को अपने जीवन में एक पवित्र प्रण की तरह स्वीकार करना ही चाहिए। वस्तुतः यह प्रण स्वभाषा, स्वदेशी और स्वबोध के साथ सर्वत्र दासता के चिह्नों से मुक्ति का उपक्रम है।

यह सच है कि 1947 में अंग्रेज चले गए, लेकिन अंग्रेजियत अब भी जीवन के हर हिस्से में प्रभावी है। भारतीय ज्ञान, विज्ञान और उसकी श्रेष्ठता के प्रति संशय और अविश्वास, औपनिवेशिक मानसिकता का फल है।

दासता, सभ्यता की हो या संस्कृति या फिर भाषा या जीवन दर्शन की, यह व्यक्ति समाज और राष्ट्र दोनों के सच्चे स्वराज बोध में बाधक है। अंग्रेजों की नीतियों के कारण भारतीय भाषाओं के बीच की समरसता और बहुभाषिकता की स्वीकृति के प्रति संदेह पैदा हुआ, जबकि भारत में भाषा संस्कृति के निर्माण, मनुष्य के बलिदान और स्वाभिमान तथा जीवन का साधन रही है। भारत में भाषा का लोकोत्तर चरित्र है। उसका परंपरागत इतिहास है। उसे ज्ञान के विस्तार और ज्ञान की निर्मिति और विस्तार के लिए उपलब्ध साधन के रूप में देख सकते हैं।

सभी भारतीय भाषाओं में ऐसी पूरकता है, जिससे भारत नाम के सांस्कृतिक राष्ट्र की निर्मिति होती है। हिमालय से लेकर कन्याकुमारी तक संपूर्ण राष्ट्र एकता के सूत्र में बंधता है। इसकी विविधताओं को स्वीकार करके राष्ट्रीय एकता सिद्ध होती है।

स्वतंत्रता का गौरव भाव सर्वत्र तभी आएगा, जब शासकीय व्यवस्थाओं से लेकर के परिवार जीवन तक हम पश्चिम से आरोपित जीवन मूल्यों से मुक्ति प्राप्त करेंगे। इस दृष्टि से भाषिक स्वराज्य सर्वाधिक महत्त्वपूर्ण है।

इस बात का ध्यान रखना होगा कि औपनिवेशीकरण की पूरी प्रक्रिया में भाषा ने महत्त्वपूर्ण भूमिका निभाई थी। शिक्षा के भारतीयकरण का अभियान भी भाषा के माध्यम से ही होगा।

एक राष्ट्र लोगों का एक समूह होता है जो 'एक लक्ष्य', 'एक आदर्श', 'एक मिशन' के

साथ जीते हैंऔर एक विशेष भूभाग को अपनीमातृभूमि के रूप में देखते हैं, यदि आदर्श या मातृभूमि दोनों में से किसी का भी लोप हो तो एक राष्ट्र सम्भव नहीं हो सकता।

एकात्म अर्थनीति एवं लोकतांत्रिक विकेंद्रीकरण

"अर्थ (सम्पत्ति) के अभाव व प्रभाव दोनों से समान जीवन को मुक्त रखकर सामाजिक अर्थव्यवस्था में सम्पत्ति के बारे में एक योग्य व्यवस्था निर्मित करने को भारतीय संस्कृति में अर्थायाम कहा गया है।"

—पंडित दीनदयाल उपाध्याय

मनुष्य के सर्वांगीण विकास की कल्पना के लिए दीनदयाल उपाध्याय ने एकात्म मानववाद पर आधारित एकात्म अर्थनीति का प्रतिपादन किया। एकात्म अर्थनीति का तात्पर्य ऐसी अर्थनीति है जो एकांकी आर्थिक दृष्टिकोण तक सीमित न रहकर मानव एवं मानवेत्तर दृष्टि से पारस्परिक एकात्म सम्बन्धों तक जीवन को सम्बद्ध एवं सुखी बनाने के समग्र पहलुओं का दिशा-निर्देशन करती है। पण्डित दीनदयाल उपाध्याय जी का आर्थिक चिन्तन एकात्म मानववाद से निष्पादित है, जिसमें व्यक्ति एकांकी नहीं है बल्कि सम्पूर्ण की एक इकाई है। उनके अनुसार व्यक्ति मन, बुद्धि, आत्मा एवं शरीर का एक समुच्चय है। अतः मानव के संदर्भ में इन चारों को विभाजित करके नहीं देखा जा सकता।

आर्थिक दृष्टि से दीनदयाल जी तीन बातों को महत्वपूर्ण मानते थे। प्रथम उत्पादन को बढ़ाना, 2. समान वितरण करना, 3. संयमित उपभोग, इन तीनों को मिलाकर उन्होंने एक नाम दिया अर्थायाम। इन तीनों में सन्तुलन स्थापित करने में राज्य का दायित्व क्या हो या नहीं हो ऐसा कहना उचित नहीं है। उनका मानना था कि आर्थिक क्षेत्र में सामान्य नियोजन, निर्देशन, नियमन और नियंत्रण का दायित्व राज्य सरकार पर होना चाहिए।

पण्डित जी विकेन्द्रित व्यवस्था के पक्षधर थे। आर्थिक सत्ता का केन्द्रीकरण आर्थिक लोकतंत्र के विरूद्ध है। पूंजीवादी अर्थव्यवस्था में आर्थिक केन्द्रीकरण की प्रवृति होती है। इसमें आर्थिक शोषण होता है। जबकि समाजवादी अर्थव्यवस्था में उत्पादन की प्रणाली पर

राज्य का नियंत्रण होता है उनका मानना था कि दोनों ही व्यवस्थाएं व्यक्ति के प्रजातंत्रीय अधिकार और स्वभाविक विकास के प्रतिकूल हैं। अतः हमें विकेन्द्रीकरण के साथ-साथ शक्तियों के विकन्द्रीकरण पर भी विचार करना होगा।

केंद्रीकरण वह प्रक्रिया है जिसके द्वारा किसी इकाई या संगठन की गतिविधियाँ, विशेष रूप से नियोजन, निर्णय लेने और रणनीतियों और नीतियों के नियंत्रण से संबंधित गतिविधियाँ, उस इकाई या संगठन के भीतर किसी विशेष समूह, क्षेत्र, विभाग या क्षेत्र में केंद्रित हो जाती हैं। यह एक शक्ति संरचना बनाता है जहाँ उक्त समूह, जिसे प्रमुख या कोर समूह के रूप में जाना जाता है, पदानुक्रम के उच्चतम स्तर पर होता है और अन्य समूहों पर काफी अधिक अधिकार, प्रतिष्ठा और प्रभाव रखता है, जिन्हें इसके अधीनस्थ माना जाता है। सत्ता का केंद्रीकरण एक केंद्रीय बिंदु पर या संगठन के भीतर किसी व्यक्ति में सत्ता का व्यवस्थित और सुसंगत संकेंद्रण है। इस विचार को पहली बार चीन के किन राजवंश में पेश किया गया था। किन सरकार अत्यधिक नौकरशाही थी और अधिकारियों के एक पदानुक्रम द्वारा प्रशासित थी, जो सभी प्रथम सम्राट किन शि हुआंग की सेवा करते थे। किन राजवंश ने हान फ़ेज़ी द्वारा सिखाई गई सभी चीजों का पालन किया, जिससे किन शि हुआंग को अपने सभी क्षेत्रों का स्वामित्व और नियंत्रण करने की अनुमति मिली, जिसमें अन्य देशों से जीते गए क्षेत्र भी शामिल थे। झेंग और उनके सलाहकारों ने एक केंद्रीकृत और नौकरशाही सरकार के तहत नए कानूनों और विनियमों की स्थापना करके चीन में सामंतवाद को समाप्त कर दिया, जिसमें सत्ता का कठोर केंद्रीकरण था।

लोकतांत्रिक विकेंद्रीकरण राज्य के संसाधनों और कार्यों पर अधिकार को केंद्र से निचले स्तरों पर निर्वाचित अधिकारियों को स्थानांतरित करने की प्रक्रिया है ताकि शासन में अधिक प्रत्यक्ष नागरिक भागीदारी को प्रोत्साहित किया जा सके। भारतीय संविधान द्वारा परिकल्पित हस्तांतरण केवल प्रत्योजन नहीं है। इसका तात्पर्य यह है कि निर्धारित शासनिक कार्यों को कानून द्वारा औपचारिक रूप से स्थानीय सरकारों को सौंपा जाता है, वित्तीय अनुदान और कर संबंधी उचित अंतरण द्वारा उनकी सहायता की जाती है तथा कर्मचारियों की सुविधा प्रदान की जाती है ताकि उनके पास अपनी ज़िम्मेदारियों को पूरा करने के लिये आवश्यक साधन हों। सत्ता के विकेंद्रीकरण के सम्बंधित गाँधी जी और

दीनदयाल जी के विचार एक समान ही थे। जिस प्रकार गाँधी जी सत्ता के विकेंद्रीकरण को शासन के लिए सर्वाधिक महत्वपूर्ण और आवश्यक मानते थे, उसी प्रकार दीनदयाल जी का मत भी सत्ता के विकेंद्रीकरण द्वारा भारत के अंतिम व्यक्ति तक सरकार को पहुँचाना था। गाँधी जी तथा दीनदयाल जी पंचायती राज की स्थापना तथा पंचायतों को अधिक से अधिक वित्तीय अधिकार देने के पक्षधर थे। उनका मानना था कि जब तक पंचायत को वित्तीय अधिकार नहीं दिए जाएंगे पंचायतें सामाजिक, राजनीतिक व आर्थिक रूप से सशक्त नहीं हो पाएंगी तथा विकेंद्रीकरण का जो सपना भारत की सरकार देखती है वह केवल कागजों तक ही सीमित रह जाएगा।

गाँवों के आत्मनिर्भर हुए बिना राष्ट्र भी आत्मनिर्भर नहीं हो सकता। देश की अर्थव्यवस्था और बाजार के मजबूत होने के लिए आवश्यक है कि लोगों की जेब में पैसे हों। सामान्यतः इसके दो तरीके हैं, पहला, लोगों के पास रोजगार हो, दूसरा, सरकारें पैसा दें. जब सरकार लोगों को पेंशन, भत्ते या किसी लाभ के रूप में लोगों को पैसे देती हैं तो उससे जनता में उसका वर्चस्व बढ़ता हैं लेकिन लोगों की गतिविधियों या श्रम का राष्ट्रीय उत्पादन में जो उपयोग होना चाहिए वो नहीं हों पाता। गाँधी जी के चरखे या ग्रामोदय की जो संकल्पना थी उसमें हर आदमी के हाथ में काम होगा और कम या ज्यादा हर आदमी के हाथ में पैसा होगा। यह व्यक्ति के सम्मान और राष्ट्र की समृद्धि, दोनों के लिए जरुरी है।

आत्मनिर्भरता का सबसे महत्वपूर्ण पहलू आर्थिक है. आर्थिक विकेन्द्रीकरण से गाँधी जी का अभिप्राय बड़े पैमाने के उद्योगों के स्थान पर लघु कुटीर उद्योगों की स्थापना से था। वर्तमान में देश की सबसे बड़ी समस्या बेरोजगारी की है। इसे खत्म करने के लिए जरुरी है कि हर हाथ में काम हो और यह बड़ी इंडस्ट्री के माध्यम से संभव नहीं है। बड़े उद्योगों में आटोमेशन यानि स्वचालन अधिक है और उनमें रोजगार की गुंजाईश कम होती है। भारत जो की बड़ी आबादी का वहन कर रहा है वहाँ लघु और कुटीर उद्योग अधिक रोजगार प्रदायक होंगे। गाँवों की आत्मनिर्भरता के अन्य दो मुख्य बिंदु सामाजिक और सांस्कृतिक आत्मनिर्भरता है. गाँव सांस्कृतिक इकाई होने के साथ ही भारत के सामाजिक जीवन के आधार स्तम्भ रहें हैं. सांस्कृतिक और सामाजिक आत्मनिर्भरता के बिना आत्मनिर्भर ग्राम की संकल्पना पूर्ण नहीं होगी. संस्कृति अथवा परिष्कार (Refinement) आत्मिक एवं बौद्धिक प्रगति की सूचक है। ऋग्वेद के अनुसार, 'सा संस्कृतिः प्रथिमा विश्ववारा'. चोल शासन प्रणाली के अंतर्गत ग्राम पंचायतें संस्कृति की सबसे बड़ी संरक्षक थीं। चोल सम्राट परांतक प्रथम के उत्तरमेरुर अभिलेखों (919 से 921ई.) से इनकी विशेषताओं की जानकारी मिलती है। भारत के सामाजिक संबंध और सामूहिकता, सामुदायिकता और सहकारिता के आधारभूत मंत्र पर चलने वाली व्यवस्था का आधार ग्राम पंचायतें रहीं हैं। पंचायतों को यदि सुदृढ़ किया जाए तो यह सामूहिक कार्यों के अतिरिक्त महामारी और प्राकृतिक आपदाओं से निजात दिलाने, भूमि, सीमा, उत्तराधिकार और वैवाहिक आदि विवादों को सुलझाने की एक स्वस्फूर्त व्यवस्था साबित हो सकती है।

पंडित दीनदयाल उपाध्याय ने आत्मनिर्भरता के विचार की वकालत की, जिसके लिए व्यक्ति को अपनी स्वतंत्रता और आत्मसम्मान की रक्षा के लिए क्षमता निर्माण के लिए प्रयास करना होगा। समय, स्थान और आवश्यकता के अनुसार विभिन्न परिस्थितियों में बनाए गए विदेशी मॉडलों पर निर्भरता भारत के आर्थिक विकास के लिए कभी भी सही टेम्पलेट के रूप में काम नहीं करेगी क्योंकि परिस्थितियां पश्चिम से भिन्न हैं। दूसरे, अन्य देशों पर अत्यधिक निर्भरता देश को बर्बाद कर देती है क्योंकि यह उसके आत्मसम्मान के साथ समझौता करती है। ऐसा राष्ट्र कभी भी अपनी स्वतंत्रता का मूल्य नहीं आंक सकता है और आज ऐसे देशों का भाग्य हमारे सामने है। इसलिए, संदेश स्पष्ट है कि एक देश को अपने लोगों और अर्थव्यवस्था की बेहतरी के लिए अपनी आर्थिक, सामाजिक और राजनीतिक विशेषज्ञता विकसित करनी चाहिए। और साथ ही साथ अन्य देशों की बेहतरी के लिए परिणाम और विशेषज्ञता का प्रसार करना चाहिए, वर्तमान समय में जब आपसी सहयोग और प्रगति समय की मांग है, जो तभी पूरा हो सकता है जब भारत देश के भीतर और विश्व मंच पर नेतृत्व की भूमिका निभाने के लिए आत्मनिर्भर हो।

वर्तमान सरकार भी दीनदयाल जी के सपने को साकार करने की दिशा में आगे बढ़ रही है जिसमे ग्रामीण क्षेत्रों में लोगों की आर्थिक स्थिति में सुधार करने के लिए बहुआयामी रणनीति अपनाई है, जिसमें आजीविका के अवसरों को बढ़ाने, ग्रामीण महिलाओं को सशक्त बनाने, ग्रामीण युवाओं को कौशल प्रशिक्षण के जरिए सामाजिक सुरक्षा प्रदान करने, बुनियादी ढांचे का विकास आदि पर मुख्य ध्यान दिया गया है। इसका उद्देश्य

मंत्रालय के ऐसे कार्यक्रमों के माध्यम से ग्रामीण भारत को 'आत्मनिर्भर' बनाना है। इस संबंध में, सरकार महात्मा गांधी राष्ट्रीय ग्रामीण रोजगार गारंटी योजना (एमजीएनआरईजीएस), प्रधानमंत्री आवास योजना-ग्रामीण (पीएमएवाई-जी), प्रधानमंत्री ग्राम सड़क योजना (पीएमजीएसवाई), दीनदयाल अंत्योदय योजना- राष्ट्रीय ग्रामीण आजीविका मिशन (डीएवाई एनआरएलएम), दीनदयाल उपाध्याय ग्रामीण कौशल्य योजना (डीडीयू-जीकेवाई) और राष्ट्रीय सामाजिक सहायता कार्यक्रम (एनएसएपी) तथा प्रधानमंत्री कृषि सिंचाई योजना (डब्ल्यूडीसी-पीएमकेएसवाई) के वाटरशेड विकास घटक (डब्ल्यूडीसी) जैसे अनेक लक्षित कार्यक्रमों का क्रियान्वयन कर रही है, जिनका प्राथमिक उद्देश्य वर्षा आधारित/क्षरित भूमि तक सिंचाई की व्यवस्था कर विकास करना है।

पण्डित दीनदयाल जी मानते हैं कि आर्थिक क्षेत्र में सामान्य नियोजन, निर्देशन, नियमन और नियंत्रण का दायित्व राज्य सरकार पर होना चाहिए इसलिए उन्होंने राज्य को ही दायित्व दिया कि कौन से उद्योग धन्धे राज्य के अधीन होने चाहिए। भारी उद्योगों का राष्ट्रीयकरण होना चाहिए, रक्षा उद्योग, भारी पूंजी वस्तु उद्योग राष्ट्र के अधीन हो, परन्तु भारत के लिए छोटे-छोटे उद्योग ज्यादा उपयोगी हैं। बड़े उद्योगों में केन्द्रीकरण की प्रवृति पाई जाती है जबकि छोटे उद्योग भारतीय श्रमिक की पारस्परिक कुशलता स्थानीय आवश्यकताओं आदि की शर्तें पूरी करते हैं। परन्तु बड़े व छोटे उद्योगों का तालमेल और गठबन्धन भारतीय अर्थव्यवस्था में जरूरी है इसलिए दीनदयाल जी ने क्षेत्र निर्धारण की बात कही और इस संदर्भ में उनका कहना था कि लघु उद्योग उपभोग वस्तुएं बनाए और बड़े पैमाने के उद्योग उत्पादन वस्तुए बनाए। जिससे दोनों प्रकार के उद्योग रह सकें।

कृषि विकास के कार्यक्रमों पर पण्डित जी का ध्यान गहनता से था। उनके अनुसार कृषि विकास के कार्यक्रमों को दो हिस्सों में बाँट सकते हैं- 1. प्राविधिक, 2. संस्थागत। प्राविधिक कार्यक्रम के अन्तर्गत खेती की पद्धति में आधुनिकतम तकनीक का प्रयोग करने में हमें संकोच नहीं होना वाहिए। मगर मशीन का प्रयोग करते समय हमें यह संयम बरतना होगा कि उससे किसान के हाथ बेरोजगारी न लगे। जबकि संस्थागत कार्यक्रम के अन्तर्गत भूमि सुधार, सहकारिता, कृषि क्षेत्र के लिए पूंजी आदि जुटाने की संस्थाएं विकसित करने

पर पण्डित जी ने विचार व्यक्त किये थे।

पण्डित दीनदयाल उपाध्याय जी हर हाथ को काम के सिद्धान्त को प्रजातन्त्र की रीढ़ मानतें थे। उनके अनुसार काम जीविकोपार्जन हो तथा व्यक्ति को उसे चुनने की स्वतंत्रता हो। यदि काम के बदले राष्ट्रीय आय का न्यायोचित भाग उसे नहीं मिलता तब उस काम की गिनती बेगार में होगी। इस दृष्टि से न्यूनतम वेतन न्यायोचित वितरण तथा किसी न किसी प्रकार की सामाजिक सुरक्षा की व्यवस्था आवश्यक हो जाती है। उनके अनुसार शासन का उद्देश्य अंत्योदय की परिकल्पना के अनुरूप होना चाहिए उनका मानना था कि किसी भी देश का आर्थिक विकास तभी संभव है जब हम समाज के अन्तिम छोर पर खड़े व्यक्ति का विकास कर सकें। अर्थात समाज के निचले पायदान पर जो व्यक्ति है उसके उत्थान का प्रयास प्राथमिकता होनी चाहिए।

पण्डित दीनदयाल उपाध्याय की एकात्म अर्थनीति मूलतः राष्ट्र की एकता, सुरक्षा, प्रत्येक व्यक्ति को न्यनूतम जीवन स्तर का आश्वासन, प्रत्येक व्यक्ति को आजीविका के अवसर उपलब्ध कराने की आवश्यकता, उत्पादन साधनों के अनुसार औद्योगिकी के विकास की आवश्यकता तथा प्राकृतिक साधनों का मानवीय दृष्टि और आवश्यकतानुसार दोहन, निरपेक्ष और सापेक्ष रूप से अभिव्यक्त है। इस दृष्टि से वह व्यक्ति को सशक्त देखना चाहते हैं और राष्ट्र को भी। इन दोनों के मूल में मानव को केन्द्र मानते हुए समस्त मानव जाति के कल्याण की दृष्टि दीनदयाल जी के चिन्तन में दिखाई पड़ती है।

आज सम्पूर्ण विश्व आर्थिक समृद्धि के पीछे भाग रहा है। उत्पादन की विधियों में अनेक नए अन्वेषण हुए। उत्पादन में प्रचंड वृद्धि हुई। वर्तमान में हम इक्कीसवीं शताब्दी में जी रहे हैं। ज्ञान, विज्ञान, अन्तरिक्ष चिकित्सा में अभूतपूर्व वृद्धि हुई है। परन्तु इस प्रगति के बीच देश के निचले स्तर पर खड़े व्यक्ति को क्या मिला। आर्थिक असानता की खाई बढ़ती जा रही है। पण्डित दीनदयाल उपाध्याय के विचारों से प्रेरित होकर स्किल इण्डिया मिशन की शुरूआत केन्द्र सरकार द्वारा की गयी। जिसके अन्तर्गत कौशल विकास और अन्य उपायों के माध्यम से आजीविका के अवसरों में वृद्धि कर शहरी और ग्रामीण गरीबी को कम करना है। केन्द्र सरकार ने एक कार्यक्रम मेक इन इण्डिया 25 दिसम्बर 2014 को शुरू किया। इस कार्यक्रम का उद्देश्य बहुराष्ट्रीय एवं राष्ट्रीय कम्पनियों को भारत में अपने उत्पादकों के

निर्माण के लिए प्रोत्साहित करना तथा रोजगार सृजन एवं कौशल वृद्धि पर ध्यान केन्द्रित करना है। यह कार्यक्रम वैश्वीकरण के इस दौर में भारत के निर्माण और रोजगार के क्षेत्र में आत्मनिर्भर बनाने की दिशा में मील का पत्थर साबित होने वाला कार्यक्रम है।

आज अगर केन्द्र सरकार की विकास यात्रा के केन्द्र में सबका साथ सबका विकास की मूल भावना नजर आती है तो प्रेरणा स्रोत के रूप में दीनदयाल उपाध्याय जी के विचार ही दिखाई पड़ते हैं। उनका मानना था कि जब तक व्यक्ति आर्थिक रूप से सक्षम नहीं होगा वह राजनीतिक रूप से स्वतंत्र नहीं हो सकता। आज सरकार आम व्यक्ति को आर्थिक रूप से आत्मनिर्भर बनाने की दिशा में जिन प्रयासों पर सतत् काम कर रही है वह कार्य इन्हीं विचारों के ओत-प्रोत नजर आते हैं। पण्डित जी ने अपने चिन्तन में आम व्यक्ति से जुड़ी जिन चिन्ताओं और समाधानों को समझाने का प्रयास दशकों पहले किया था आज भारत सरकार द्वारा उन्हीं विचारों को केन्द्र में रखकर नीतियों का निर्माण किया जा रहा है।

पण्डित दीनदयाल उपाध्याय जी का चिन्तन शाश्वत विचारधारा से जुड़ा है। इसके आधार पर उन्होंने राष्ट्रभाव को समझने का प्रयास करते हुए समस्याओं पर विचार किया। चाहे प्रश्न राजनीति का हो अथवा अर्थव्यवस्था का, उन्होंने मानवमात्र से जुड़े सभी प्रश्नों की समाधानयुक्त विवेचना अपने वैचारिक लेखों में की है। पण्डित दीनदयाल उपाध्याय के अनुसार भारत की समस्त नीतियां भारतीयमुखी होनी चाहिए। हमारे लिए पाश्चात्य पूंजीवाद व समाजवाद दोनों ही उपयुक्त नहीं है। भारतीय जीवन दर्शन इन दोनों से परे विशुद्ध मानवतावादी है। समृद्ध और सुखी जीवन के लिए लालायित समाज भीषण संभ्रण के चौराहे पर खड़ा है। ऐसे में अपनी उपादेयता सिद्ध करने वाली भारतीय संस्कृति, उसके आर्थिक नैतिक जीवन मूल्य, आदर्श जीवन के मापदण्ड जैसे यक्ष प्रश्नों का समाधान करने वाला अर्थ वैज्ञानिक दीनदयाल उपाध्याय द्वारा प्रस्तुत आर्थिक दर्शन मानव कल्याण के लिए वरदान सिद्ध होगा।

पण्डित दीनदयाल उपाध्याय का आर्थिक चिन्तन उस समय जितना समीचीन था उतना ही आज भी है। कोई भी नीति निर्धारक संगठन या सरकार जो गरीबों के लिए कल्याणकारी योजनाएं लाना चाहती है एवं मानव कल्याण के मार्ग में प्रशस्त होना चाहती है, उसे दीनदयाल जी के एकात्म मानववाद एवं अंत्योदय के आर्थिक चिन्तन को आधार

बनाना होगा। वर्तमान केन्द्र सरकार की आर्थिक एवं मानव कल्याणकारी नीतियां अत्यन्त प्रभावकारी हैं। जिसमें भविष्य की झलक दिखाई देती है। जिससे मानव कल्याण के लिए एक रचनात्मक एवं प्रगतिशील परिस्थितियां उत्पन्न की जा सकें अपितु मानव कल्याण के स्थायी विकास को सकारात्मक दिशा मिल सके।

अंत्योदय : सबका साथ-
सबका विकास

"दीन दयाल उपाध्याय जी ने हमें अंत्योदय का मार्ग दिखाया था। यानि जो समाज की आखिरी पंक्ति में हैं, उसका उदय। 21वीं सदी का भारत, इसी विचार से प्रेरणा लेते हुए अंत्योदय के लिए काम कर रहा है।"

- श्री नरेन्द्र मोदी, प्रधानमंत्री

अंत्योदय का अर्थ "गरीब से गरीब व्यक्ति का उत्थान" या "अंतिम व्यक्ति का उत्थान" है। पं. दीनदयाल उपाध्याय के जन्मदिन को हर साल अंत्योदय दिवस के रूप में मनाया जाता हैं। अंत्योदय मिशन की भावना का लक्ष्य अंतिम व्यक्ति तक पहुंचना है, और इसलिए, इस दिन का आदर्श वाक्य भारत के सभी गरीबों और ग्रामीण युवाओं की मदद करना और उन्हें राष्ट्रीय और अंतर्राष्ट्रीय रोजगार के अवसर खोजने में मदद करना है।

अंत्योदय' का दर्शन उपाध्याय द्वारा गढ़ा गया कोई नया दर्शन नहीं है, क्योंकि यह 'सर्वोदय' या "सभी का उत्थान" जैसी व्यापक अवधारणाओं का अभिन्न अंग था। हालांकि, उपाध्याय जी ने देश को अत्यधिक गरीबी से मुक्ति दिलाने के लिए 'अंत्योदय' पर जोर दिया। यह उपाध्याय जी के "एकात्म मानववाद" के मूल दर्शन का भी हिस्सा था - जो पूंजीवाद और साम्यवाद द्वारा अपने समय में प्रचारित लोकप्रिय दर्शन से भिन्न था। उपाध्याय जी ने वर्ष 1965 में अपने एक भाषण में कहा था, कि ये दोनों व्यवस्थाएं, पूंजीवादी और साम्यवादी, एकात्म मानव, उसके सच्चे और संपूर्ण व्यक्तित्व और उसकी आकांक्षाओं को ध्यान में रखने में विफल रही हैं, हम न तो पूंजीवाद चाहते हैं और न ही समाजवाद। हमारा लक्ष्य "मानव" यानी एकात्म मानव की प्रगति और खुशी है। दोनों व्यवस्थाओं के समर्थक राज्य पर 'मानव' के साथ लड़ते हैं। दोनों ही व्यवस्थाएँ मनुष्य

को नहीं समझती हैं और न ही उसके हितों की परवाह करती हैं,"

नीति निर्धारण के समय समाज के गरीब से गरीब व्यक्ति के कल्याण का दर्शन पंडित दीनदयाल उपाध्याय जी ने दिया। वे कहा करते थे कि सरकार में बैठे नीति-निर्माताओं को कोई भी नीति बनाते समय यह विचार करना चाहिए कि यह नीति समाज के अंतिम व्यक्ति यानि सबसे गरीब व्यक्ति का क्या भला करेगी ? इसी मंत्र का पालन वर्तमान नरेंद्र मोदी के नेतृत्व वाली केंद्र सरकार कर रही है।

अंत्योदय' दीनदयाल जी के अन्तः करण की आवाज थी। इसका प्रमुख कारण था उनके द्वारा बचपन से ही गरीबी और अभाव को झेलना। ढाई साल की आयु में पिता का साया उठ गया और सात साल की आयु में माता भी चल बसीं। माता-पिता की छत्रछाया से वंचित होकर बचपन से ही वे रिश्तेदारों के आश्रय में शिक्षा के लिए भटकते रहे। नाना के पास गये तो दस साल की आयु में नाना का भी निधन हो गया। उसके बाद मामा के घर गये तो 15 साल की आयु में मामी का निधन हो गया। 18वें साल में छोटे भाई का मोतीझरा के कारण निधन हो गया। जब दसवीं पास की तो एकमात्र सहारा नानी भी चल बसीं। बाद में ममेरी बहन के पास रहने लगे तो एमए की पढ़ाई करते हुए बहन का भी निधन हो गया और इस कारण एम.ए. फाइनल की परीक्षा नहीं दे सके। 25 वर्ष की आयु तक वे 11 स्थानों पर रहे और इस तमाम तरह के कष्ट झेले। उनकी असामान्य मेधाशक्ति के पीछे जो अतिसंवेदनशील अंतःकरण था वह गरीबी की पीड़ा को समझता था। इसीलिए उन्होंने अपनी अथवा अपने परिवार की गरीबी मिटाने की बजाय पूरे देश की गरीबी मिटाने का प्रयास किया।

दीनदयाल जी मानते थे कि समष्टि जीवन का कोई भी अंगोपांग, समुदाय या व्यक्ति पीड़ित रहता है तो वह समग्र यानि विराट पुरुष को विकलांग करता है। इसलिए सांगोपांग समाज-जीवन की आवश्यक शर्त है अंत्योदय। मनुष्य की एकात्मता तब आहत हो जाती है जब उसका कोई घटक समग्रता से पृथक पड़ जाता है। इसलिए समाज के योजकों को अंत्योदयी होना चाहिए। दीनदयाल ने एकात्म मानव के अंत्योदय दर्शन को अपने व्यवहार में जीया। 'पराशर' उपनाम से 'पांचजन्य' में प्रकाशित अपने स्तंभ 'विचार-वीथी' में उन्होंने 11 जुलाई, 1955 को मानव श्रम एवं नवीन तकनीक के संबंध में लिखाः ''नवीन

तकनीक का प्रश्न जटिल है तथा केवल मजदूरों तक सीमित नहीं है, अपितु अखिल भारतीय है।''यह विचार केवल अखबार में स्तंभ लिखने तक ही नहीं सीमित नहीं था, बल्कि 1956 में विंध्यप्रदेश जनसंघ प्रदेश कार्यकारिणी की बैठक में दीनदयाल के निर्देश पर 1956 में हीरा खदान मालिकों के विषय में एक महत्वपूर्ण प्रस्ताव पारित किया गया। उस प्रस्ताव में कहा गया, ''कार्यसमिति ने पन्ना-हीरा खदान जांच समिति की रिपोर्ट पर संतोष व्यक्त किया। समिति ने कहा कि जनसंघ उक्त जांच समिति द्वारा सुझाए गये इस प्रस्ताव से कि सरकार और जनता दोनों के सहयोग से एक स्वतंत्र निगम बनाया जाए, के पक्ष में है। कार्यसमिति ने हीरा खदानों के लीज होल्डरों को मुआवजा देने का तीव्र विरोध किया और कहा उन लीज होल्डरों ने मिनरल कंसेशन रूल की धारा 48 व 51 का उल्लंघन किया है। अतः धारा 53 के अनुसार उनकी लीज जब्त होनी चाहिए''।

'अंत्योदय' की बात करते हुए दीनदयाल जी देश की संपूर्ण अर्थव्यवस्था के भारतीयकरण की भी बात करते हैं। नवंबर 1955 में पिलानी शेखावटी जनसंघ सम्मेलन में उद्घाटन भाषण देते हुए उन्होंने कहा, ''देश का दारिद्रय दूर होना चाहिए, इसमें दो मत नहीं, किंतु प्रश्न यह है कि यह गरीबी कैसे दूर हो? हम अमेरिका के मार्ग पर चलें या रूस के मार्ग को अपनाएं अथवा यूरोपीय देशों का अनुसरण करें? हमें इस बात को समझना होगा कि इन देशों की अर्थव्यवस्था में अन्य कितने भी भेद क्यों न हों, इनमें एक मौलिक साम्यता है। सभी ने मशीनों को ही आर्थिक प्रगति का साधन माना है। मशीन का सर्वप्रधान गुण है कम मनुष्यों द्वारा अधिकतम उत्पादन करवाना। परिणामतः इन देशों को स्वदेश में बढ़ते हुए उत्पादन को बेचने के लिए विदेशों में बाजार ढूंढ़ने पड़े।

पंडित जी का मानना था कि भारत का संतुलित विकास तब तक संभव नहीं है, जब तक समाज का प्रत्येक वर्ग समान रूप से विकास न करे। वे चाहते थे कि कम से कम स्वतंत्रता के पश्चात् प्रत्येक सरकारी योजना का केन्द्र बिन्दु समाज का वह अंतिम व्यक्ति रहना चाहिए, जो विकास की किरण से अभी तक वंचित है। दीनदयाल उपाध्याय आर्थिक उन्नति के बारे में बात करते हुए कहते हैं 'यह सुनिश्चित करना भी आवश्यक है कि विकास योजनाओं द्वारा उत्पन्न धन किसी विशेष वर्ग के हाथों में न पहुँच जाये, अपितु वंचित वर्ग तक भी हमेशा पहुँचता रहे। यह तभी संभव है, जब आर्थिक विकास के साथ

नैतिक व चारित्रिक विकास भी होता रहे। तभी समाज के अंतिम व्यक्ति तक पहुंचने का हमारा स्वप्न साकार होगा।

दीनदयाल उपाध्याय जी के अनुसार आर्थिक नीतियों की सफलता और आर्थिक प्रगति का आंकलन कुलीन या उच्च तबके से नहीं, बल्कि उनसे होगा, जो समाज की सबसे निचली सीढी पर हैं। इस देश में करोड़ों ऐसे लोग हैं, जो अभी भी अपने मुलभूत अधिकारों से वंचित हैं। सरकार की नीतियों और योजनाओं के निर्धारण में इन करोड़ों लोगों को कोई स्थान नहीं मिलता और न ही प्रशासन की ऐसी कोई मंशा या इच्छा दिखाई देती है, परन्तु इन्हें प्रगति के पथ पर रोड़ा समझा जाता है, तथापि हमारे लिए ये दीन हीन और निरक्षर ईश्वर का स्वरूप हैं और पूजनीय हैं। इनकी उपासना हमारा धर्म है। देश तब तक उर्जा और स्फूर्ति के साथ आगे नहीं बढ़ सकता, जब तक कि हम सुदूर गाँव देहात और खेत और खलिहान तक आशा विश्वास का संदेश पहुँचाने में सफल न हों जाएँ, उन स्थानों पर जहाँ समय अभी भी वहीं रुका हुआ है। जहाँ माता पिता अपनी संतानों को उनके भविष्य को कोई दिशा देने में असमर्थ है। हमारे विश्वास, हमारी प्रार्थना और समर्पण का उद्देश्य और हमारी सफलता और उपलब्धियों के आकलन के केंद्र में वह होना चाहिए।

दीनदयाल उपाध्याय अंत्योदय को ऐसे समझाते हैं। माना सर्दियों में कोई भला आदमी कम्बल बांटने निकला। वह एक जगह गया तो देखा कि झोपड़ी में एक आदमी दो कंबल ओढ़कर और दो बिछाकर बैठा है। आगे बढ़ाए तो एक आदमी और मिला। वह झोपड़ी में एक कम्बल ओढ और एक बिछाकर बैठा था। कुछ दूर आगे बढ़ने पर तीसरा आदमी मिला। वह पेड़ के नीचे एक कंबल ओढ़कर और एक बिछाकर बैठा था। आगे एक चौथा आदमी खुले में बैठा था। उसके पास न ओढ़ने को कुछ था और न बिछाने को। उस भले आदमी ने देखा कि चारों ही सर्दी से कांप रहे हैं। यहां दो विचार मन में आते हैं। वह चारों को तीन-तीन कंबल देकर घर जा सकता था क्योंकि चारों ही परेशान थे पर उसने सबसे पहले चौथे व्यक्ति को छह कंबल दिये। फिर तीसरे को तीन दूसरे को दो और अंत में पहले को एक। बस यही है अंत्योदय। अर्थात सबसे पहले और सबसे अधिक सहायता उसे मिले, जिसकी जरूरत सबसे अधिक है। जहां सौ वाट का बल्ब जल रहा हो वहां 25 वाट का एक और बल्ब लगा देने से कुछ लाभ नहीं होगा पर जहां घुप अंधेरा है वहां 25 वाट

के बल्ब से ही रोशनी आ जाएगी।

नियोजन के अर्थ व परिभाषा को लेकर लम्बे समय से बहस व विवाद चल रहा था। उस पर दीनदयाल उपाध्याय ने कहा कि योजना एवं नियोजन का अलग-अलग अर्थ व परिभाषा होने के कारण एक भ्रमपूर्ण स्थिति का निर्माण हो गया है। दीनदयाल जी की यह आशंका कुछ हद तक सही थी। योजना विशेषज्ञों का मानना है कि भारत की जनता बहुत गरीब, बहुत अज्ञानी और पुरानी व्यवहार-परम्पराओं से घिरी होने के कारण उसकी विकास योजनाओं का निर्माण व क्रियान्वयन कुछ समय तक ऊपर से ही किया जाना चाहिए। दीनदयाल जी इससे सहमत नहीं थे। क्योंकि यह देश की जनता की क्षमता में विश्वास की कमी को दर्शाता है, जिसे अच्छा नहीं कहा जा सकता। वो तो नीचे के स्तर से जनभागीदारी और साझेदारी से योजना बनाने के पक्ष में थे। आर्थिक नियोजन की दिशा के बारे में गंभीर सवाल उठाते हुए दीनदयाल जी ने कहा, 'हमें यह निश्चित करना है कि आर्थिक योजना सामाजिक योजना और राजनैतिक योजना की सहायक हो या सामाजिक, राजनैतिक मूल्य भी आर्थिक मूल्य से संचालित हो। क्या हम आर्थिक कल्याण के आगे अपने लोकतान्त्रिक, मानवीय और सांस्कृतिक मूल्यों की बलि चढ़ा दे।

दीनदयाल उपाध्याय जी कहते हैं कि जब तक एक-एक व्यक्ति की विशिष्टता व विविधता को ध्यान में रखकर उसके विकास की चिंता नहीं करेंगे, तब तक मानवता की सच्ची सेवा नहीं होगी। इसके लिए विकेन्द्रित अर्थव्यवस्था चाहिए, स्वयंसेवी क्षेत्र को खड़ा करना होगा। यह क्षेत्र जितना खड़ा होगा, उतना ही मनुष्य आगे बढ़ सकेगा, मनुष्यता का विकास हो सकेगा, एक मनुष्य दूसरे का विचार कर सकेगा, प्रत्येक व्यक्ति की व्यक्तिगत आवश्कताओं व विशेषताओं का विचार करके उसे काम देने पर उसके गुणों का विकास हो सकता है। यह विकेन्द्रित व्यवस्था भारत ही संसार को दे सकता है। हम नये सिरे से आर्थिक निर्माण शुरू कर सकते हैं।

दीनदयाल जी कहते हैं कि स्वामी विवेकानंद से पश्चिम जगत के लोगों ने पूछा कि स्वामीजी आपका देश तो विचारों की दृष्टि और आध्यात्मिकता के ज्ञान से अंत्यंत प्रगति प्राप्त किए हुए है, परन्तु फिर उस देश में इतनी गरीबी क्यों है? वह इतना पिछड़ा और गुलाम क्यों है? स्वामी जी इस प्रश्न का कोई संतोषजनक जवाब नहीं दे सके। स्वामी जी

ने प्रश्न पर बार-बार विचार किया और फिर विचार करने के पश्चात उनको यह स्पष्ट लगा कि हमारा देश इतने उच्च गुणों के होते हुए भी पिछड़ा हुआ इसलिए है कि क्योंकि उसके पास सामर्थ्य नहीं है, शक्ति नहीं है। इसीलिए उन्होंने सबसे पहले सामर्थ्य उत्पन करने का विचार किया। जब तक हम हिन्दुस्थान को सामर्थ्यवान नहीं बनाते, भौतिक दृष्टि से सबल नहीं होते, तब तक हम संसार को इस आधार पर खड़ा नहीं कर सकते। अपने उन उच्च सिद्धांतों की कीमत तभी होगी, जब हमें वह सामर्थ्य प्राप्त होगी, जिससे हम खड़े होकर ऊँचे स्वर में कह सकेंगे कि हमारे पास जीवनयापन के ऐसे उच्च आदर्श व सिद्धांत हैं। इसलिए समाज के अंतिम व्यक्ति को जगाकर उसे आत्म स्वाभिमानी बनाना होगा, तभी हम संसार की सेवा कर पाएंगे।

दीनदयाल जी कहते हैं कि स्वधर्मानुसार प्रत्येक व्यक्ति अपना जीवन निर्वाह कर सके इसके लिए यह आवश्यक है कि किसी को भी 'अधिक लाभप्रद नौकरी न दी जाये, 'सभी को काम' यही हमारी आर्थिक रचना का आधार होना चाहिए। इसका स्पष्ट अर्थ यह है कि हम विदेशी औद्योगिकीकरण के तरीकों का अन्धानुकरण नहीं करेंगे, छोटी मशीनों द्वारा संचालित कुटीर उद्योग ही हमारे लिए अनुकूल हो सकते हैं।

पंडित जी जम्मू-कश्मीर के नागरिकों की चिंता करते हुए कहते थे कि जब तक अनुच्छेद 370 रहेगा तब तक राज्य को दिया विशेष दर्जा केवल राज्य सरकार को ही विशेषाधिकार देता है, राज्य के लोगों के लिए नहीं। इस भेदभावपूर्ण व्यवहार को देश विरोधी शक्तियां भारत के विरुद्ध प्रयोग करती हैं। इसलिए यह जरूरी है की राज्य के नागरिकों को वो सभी अधिकार मिलें, जो अन्य नागरिकों को मिल रहे हैं, भेदभाव समाप्त किया जाए। पंडित जी के इस सपने और विचार को भारत की नरेन्द्र मोदी सरकार ने पूर्ण करते हुए 5 अगस्त 2019 को जम्मू कश्मीर से अनु. 370 के प्रभाव को खत्म कर दिया।

धर्मराज युधिष्ठिर का उदाहरण देते हुए कहते हैं कि उन्होंने अपना ही नहीं, दूसरों का भी विचार किया। जब यक्ष ने उनके सभी भाईयों में से किसी एक को पुनजीवित करने के लिए वरदान मांगने को कहा तो उस समय धर्मराज ने नकुल व सहदेव में से किसी एक को जीवित करने के लिए कहा। तब यक्ष ने आश्चर्य से कहा कि आपके पास महाबलशाली भीम और धनुर्धर अर्जुन हैं, ऐसे में नकुल या सहदेव को जीवित करने का क्या अर्थ है?

तब धर्मराज ने कहा हमारी दो माताएं है कुंती और माद्री। सौभाग्य से मैं कुंती का एक पुत्र जीवित हूँ, माद्री का भी एक पुत्र जीवित रहे इसलिए तुम नकुल या सहदेव में से किसी एक के जीवित कर दो। उन्होंने यहाँ पर यह विचार नहीं किया कि अर्जुन धनुर्धारी है, भीम बलशाली योद्धा है, परन्तु उन्होंने केवल धर्म व समाज का विचार किया। यक्ष ने उनके चारों भाईयों को पुनःजीवित कर दिया।

दीनदयाल जी कहते हैं कि मनुष्य जो भी कर्म करता हैं वो सब समाज के लिए है। श्रम से मूल्य का निर्धारण नहीं होता, अपितु योग्यता के आधार होता है। दुनिया की दृष्टि में मूल्य बदलता रहता है, परन्तु वास्तव में श्रम के मूल्य चुकाने की कोई सीमा नहीं है, अध्यापक जो शिक्षा देता है, उसका मूल्य रुपए में नहीं चुकाया जा सकता। किसी डॉक्टर ने आपको मृत्यु से बचा लिया हो तो उसका आप क्या मूल्य लगा सकते हो? इस प्रकार मनुष्य का काम और उसके बदले उसे जो मिलता है, उसका कोई मेल नहीं। कर्म का मूल्य चुकाना असम्भव है। इसीलिये हमारे यहाँ पहले सब काम सेवा कार्य के नाते ही किये जाते थे। रूपए पैसे में इनका कोई मूल्य नहीं लगाया जा सकता था। सेवा करना ही हमारा धर्म है, शेष सब चिंता समष्टि पर डाल देनी चाहिए।

दीनदयाल जी महिलाओं की सामाजिक, शैक्षणिक और आर्थिक अयोग्यताओं को दूर करने के लिए विशेष प्रयास की बात करते हैं, ताकि वे घर, समाज व राष्ट्र के प्रति अपने दायित्यों का ठीक से निर्वहन कर सके। जनजीवन के प्रत्येक क्षेत्र में महिलाओं को समान अवसर मिलें, परदा प्रथा, दहेज, बाल विवाह, विषम विवाह आदि कुरीतिओं को समाप्त करने के लिए सुधारवादी कार्यक्रम अपनाने होंगे। मातृत्व की प्रतिष्ठा भारतीय संस्कृति की प्रतिष्ठा है, मातृ-कल्याण के कार्यक्रम सामाजिक सुरक्षा के महवपूर्ण अंग होने चाहिए, वेतन और भत्ते में स्त्री और पुरुष दोनों के सामान स्तर रखे जाएं। दीनदयाल जी पूर्ण रोजगार के हिमायती थे। वे कहते थे कि प्रत्येक समर्थ और स्वस्थ व्यक्ति को जीविकोपार्जन की व्यवस्था करना आर्थिक नियोजन व औद्यौगिक नीति का लक्ष्य होना चाहिए। बेकारी को दूर करने के लिए रोजगार के नये अवसरों के निर्माण के साथ अर्ध-रोजगार वालों की उत्पादकता और आय बढ़ाने की ओर विशेष ध्यान देना चाहिए, बढ़ी हुई क्रयशक्ति से वे दूसरों को काम दे सकेंगे। काम न मिलने की अवस्था में जीवनयापन के लिए बेकारी भत्ते

की व्यवस्था होनी चाहिए।

दीनदयाल जी आर्थिक नीतियों की सफलता और आर्थिक प्रगति का आकलन कुलीन या उच्च तबके से नहीं बल्कि उनसे होगा, जो समाज की सबसे निचली सीढ़ी पर हैं। इस देश में करोड़ों ऐसे लोग हैं, जो अभी भी अपने मुलभुत अधिकारों से वंचित हैं, सरकार की नीतियों और योजनाओं के निर्धारण में इन करोड़ों लोगों को कोई स्थान नहीं मिलता और न ही प्रशासन की ऐसी कोई मंशा या इच्छा दिखाई देती है, परन्तु इन्हें प्रगति के पथ पर रोड़ा समझा जाता है, तथापि हमारे लिए ये दीन-हीन और निरक्षर ईश्वर का स्वरूप हैं और पूजनीय हैं। इनकी उपासना हमारा धर्म है. देश तब तक उर्जा और स्फूर्ति के साथ आगे नहीं बढ़ सकता, जब तक कि हम सुदूर गाँव देहात और खेत और खलिहान तक आशा विश्वास का सन्देश पहुँचाने में सफल न हों जाएँ। उन स्थानों पर जहाँ समय अभी भी वहीं रुका हुआ है। जहाँ माता-पिता अपनी संतानों को उनके भविष्य को कोई दिशा देने में असमर्थ हैं। हमारे विश्वास हमारी प्रार्थना और समर्पण का उद्देश्य और हमारी सफलता और उपलब्धियों के आकलन केंद्र में वह होना चाहिए।

दीनदयाल जी मलिन और झुग्गीवासियों की समस्या पर कहते हैं कि मलिन बस्तियों के हटाने से नहीं बल्कि उनके पुनर्वास से सम्बंधित है, यदि आप एक जगह से मलिन बस्ती के निवासियों को हटाते हैं, तो आप सिर्फ एक और मलिन बस्ती तैयार करते हैं। उन्होंने कहा कि मलिन बस्तियों में निश्चित रूप से सुधार किया जाना चाहिए और नागरिक सुविधा दी जानी चाहिए, इस बस्तिओं में मजदूरों के लिए बहुमंजिला इमारतों के बारे में बिना प्रतीक्षा किये सोचा जाना चाहिए, और इन लोगों का जीवन स्तर उठाने के हर संभव प्रयास होने चाहिए। पूर्व केंद्रीय मंत्री और उत्तर प्रदेश के पूर्व राज्यपाल रहे श्री राम नाइक दीनदयाल जी से जुड़ा एक मार्मिक प्रसंग सुनाते हैं। मुंबई महानगर कामगारों से भरपूर रहता है, यहाँ की आवासीय समस्या बहुत पुरानी है। मजदूरों को जहाँ जगह मिली, वहीं रैन बसेरा, टाट की छत, लकड़ी या दफ्ती का घर बना लिया। झोपडपट्टी से आबाद यहाँ एक नए तरीके का शहर था, उसे धारावी भी कहा गया। झोपड़पट्टियाँ गैर कानूनी होती है, लेकिन इनमें रहने वाले मजदूर कामगार देश के विकास के जीवंत देवता हैं। सरकारें अभियान चलाकर झोंपड़ पट्टियों को उजाड़ देती थी, कामगारों के रहने की समस्या

विकराल थी, मुझे इस मानवीय समस्या ने झकझोर दिया, हम कार्यकर्ता के पक्ष में खड़े हो गये, हम लोगों ने 'झोपड़पट्टू जनता परिषद् मुबई' नाम का संगठन खड़ा किया गैर कानूनी बस्तिओं के पक्ष में खड़े हो गए। कुछ लोग हमारे आलोचक भी थे। दीनदयाल जी उन्हीं दिनों मुम्बई आए। हमने अपना विषय रखा, उन्होंने अपने परिवार की दादी की मार्मिक कहानी सुनाई। युवा पुत्र चिड़िया द्वारा लगाए गये घोंसले को उजाड़ने जा रहा था। दादी ने पूछा 'यह घोंसला बनाने में चिड़िया को कितना समय लगा होगा? 'युवक ने कहा, कम से कम दो-तीन माह'। दादी ने कहा कि 'इसने तिनका-तिनका जोड़कर अपना घर बनाया है, तुमने शुरू में ही इसे क्यूँ नहीं रोका? अब घर उजाडना और बेघर करना कहाँ का न्याय है? पंडित जी ने कथा सुनते हुए कहा सबको घर चाहिए. बेघर करना उचित नहीं, मैं मनुष्य हूँ, सभी मनुष्यों को घर चाहिए। ये पक्षी हैं, पशु-पक्षी, कीट-पतंगे को भी आश्रय और आवास चाहिए। उन्होंने हमसे कहा कि तुम 'झोंपड़पट्टी जनता परिषद् के माध्यम से सही काम कर रहे हो, परिषद् का घोष वाक्य था, मैं भी मनुष्य हूँ, मुझे घर चाहिए।

अन्त्योदय एक विचार नहीं, अपितु क्रियान्वयन की एक पद्धति है। पं दीनदयाल उपाध्याय जी का मानना था कि समाज में लागू की जाने वाली योजनाएं इस प्रकार की हों जिनसे पिछड़े लोगों का अधिकतम हित हो तथा जिन्हें रोजगार की जरूरत हो उन्हें रोजगार मिलें, उनका समग्र विकास हो। वर्तमान समय देश के विकास के लिये अन्त्योदय अनिवार्य है। एकांत मानववाद और अंत्योदय का दर्शन वर्तमान केंद्र और राज्य सरकारों के मार्गदर्शक सिद्धांतों में से एक है। इस सिद्धांत को हम सबका साथ सबका विकास के साथ मिला हुआ देख सकते हैं जो गरीब, ग्रामीण क्षेत्रों के विकास के लिए सरकार द्वारा तय की गई नीतियों में भी नजर आता है।

दीनदयाल जी के अंत्योदय के दर्शन में सदैव पंक्ति के अंतिम पड़ाव पर खड़ा व्यक्ति शामिल रहा है। उन्होंने कहा था, 'आर्थिक नीति निर्धारण और प्रगति की सफलता का पैमाना यह नहीं है कि समाज के सबसे शीर्ष पर मौजूद व्यक्ति को उससे कितना फायदा मिल रहा है बल्कि यह है कि समाज पर जो लोग सबसे नीचे हैं उन्हें उन नीतियों का कितना फायदा मिला है।' अंत्योदय का मतलब समाज के सबसे निचले स्तर पर मौजूद

व्यक्ति का कल्याण है। उन्होंने यह भी कहा था, 'यह हमारी सोच और हमारे सिद्धांत हैं कि ये गरीब और अशिक्षित लोग हमारे ईश्वर हैं, यही हमारा सामाजिक और मानवीय धर्म है।' उनके इसी अंत्योदय के विचार से प्रेरित होकर केन्द्र और राज्यों में काम कर रही सरकारें अंत्योदय के रास्ते पर बढ़ने की ओर अग्रसर हैं तथा गरीब, ग्रामीण एवं किसानों के लिए और समाज के सबसे शोषित वर्ग से आने वाले युवाओं और महिलाओं के कल्याण की ओर प्रतिबद्ध हैं। जिसके तहत दीनदयाल अंत्योदय योजना, दीनदयाल उपाध्याय ग्राम ज्योति योजना, दीन दयाल उपाध्याय ग्रामीण कौशल्य योजना, दीनदयाल उपाध्याय श्रमेव जयते कार्यक्रम, दीनदयाल उपाध्याय स्वनियोजन योजना, मुद्रा योजना, जनधन योजना, उज्जवला योजना, स्वच्छता मिशन, शौचालयों का निर्माण, आवास योजना, सस्ती दवाएं और इलाज, इन सभी योजनाओं पर कार्य को आगे बढ़ाया जा रहा है।

राष्ट्र, राष्ट्रात्मा एवं राज्य

"भारत में रहने वाला और इसके प्रति ममत्व की भावना रखने वाला मानव समूह एक जन हैं। उनकी जीवन प्रणाली, कला, साहित्य, दर्शन सब भारतीय संस्कृति है। इसलिए भारतीय राष्ट्रवाद का आधार यह संस्कृति है। इस संस्कृति में निष्ठा रहे तभी भारत एकात्म रहेगा। "

- पंडित दीनदयाल उपाध्याय

"राष्ट्र एक जीवमान इकाई है। वर्षों शताब्दियों लंबे कालखंड में इसका विकास होता है। किसी निश्चित भू-भाग में निवास करने वाला मानव समुदाय जब उस भूमि के साथ तादात्म्य का अनुभव करने लगता है, जीवन के विशिष्ट गुणों को आचरित करता हुआ समान परंपरा और महत्त्वाकांक्षाओं से युक्त होता है, सुख-दुःख की समान स्मृतियाँ और शत्रु-मित्र की समान अनुभूतियाँ प्राप्त कर परस्पर हित संबंधों में ग्रथित होता है, संगठित होकर अपने श्रेष्ठ जीवन मूल्यों की स्थापना के लिए सचेष्ट होता है, और इस परंपरा का निर्वाह करने वाले तथा उसे अधिकाधिक तेजस्वी बनाने के लिए महान् तप, त्याग, परिश्रम करने वाले महापुरुषों की श्रृंखला निर्माण होती है, तब पृथ्वी के अन्य मानव समुदायों से भिन्न एक सांस्कृतिक जीवन प्रकट होता है। इस भावात्मक स्वरूप को ही राष्ट्र कहा जाता है।"

"राष्ट्र के लिए चार बातों की आवश्यकता होती है- प्रथम, भूमि और जन, जिसे 'देश' कहते हैं, दूसरी, सबकी इच्छाशक्ति यानी सामूहिक जीवन का संकल्प। तीसरी, एक व्यवस्था जिसे नियम या संविधान कह सकते हैं और सबसे अच्छा शब्द जिसके लिए हमारे यहाँ प्रयुक्त हुआ है, वह 'धर्म', और चौथा है जीवन आदर्श। इन चारों का समुच्चय यानी ऐसी समष्टि को राष्ट्र कहा जाता है। जिस प्रकार व्यक्ति के लिए शरीर, मन, बुद्धि और आत्मा जरूरी है, इन चारों को मिलाकर व्यक्ति बनता है, उसी प्रकार देश, संकल्प, धर्म

और आदर्श के समुच्चय से राष्ट्र बनता है।"

"समाज केवल व्यक्तियों का समूह अथवा समुच्चय नहीं, अपितु एक जीवमान सावयव सत्ता है। भूमि विशेष के प्रति मातृ-भाव रखकर चलने वाले समाज से राष्ट्र बनता है। प्रत्येक राष्ट्र की अपनी एक विशेष प्रकृति होती है जो ऐतिहासिक अथवा भौगोलिक कारणों का परिणाम नहीं अपितु जन्मजात है। इसे 'चिति' कहते हैं। राष्ट्रों का उदय व पात 'चिति' के अनुकूल अथवा प्रतिकूल व्यवहार पर निर्भर करता है। विभिन्न विशिष्टताओं वाले राष्ट्र परस्पर पूरक होकर मानव एकता का निर्माण कर सकते हैं। राष्ट्रों की प्रकृति मानव एकता की विरोधी नहीं, यदि कहीं उसे विरुद्ध आचरण दिखता है तो वह विकृति का द्योतक है। राष्ट्रों का विनाश कर मानव एकता उसी प्रकार असंभव तथा अवांछनीय है जिस प्रकार व्यक्तियों को नष्ट कर समष्टि का अस्तित्व या विकास।"

"राष्ट्र का वास्तविक स्वरूप समझने के लिए उस मूल तत्त्व की ठीक-ठीक पहचान करनी होगी, जिसके आविर्भाव से राष्ट्र का उदय होता है, जिसके कारण राष्ट्र की धारणा होती है और जिसके क्षीण पड़ने से राष्ट्र विनाश की ओर अग्रसर हो जाता है। यह मूल तत्त्व है- राष्ट्र की प्रकृति जिसे शास्त्रीय ढंग से 'चिति' नाम से संबोधित किया गया है। चिति वह मानदंड है जिससे हर वस्तु को मान्य अथवा अमान्य किया जाता है।"

"चिति जनसमूह के प्रत्येक व्यक्ति में मातृभूमि के प्रति परम सुख की भावना रूप में रहती है। वह सर्वोत्कृष्ट सुख जिसके समक्ष अन्य सब बातें फीकी लगें, इस चिति द्वारा स्थापित होता है। इसकी झलक व्यक्ति के सब प्रकार के कार्यों में दिखाई पड़ती है। उसके समस्त व्यापार, निःशेष चेष्टाएँ अखिल कर्म इसी चिति के प्रकाश में चैतन्य रहते हैं। जब तक 'चिति' जागृत और निरामय रहती है तब तक राष्ट्र का अभ्युदय होता रहता है। इसी चेतना के आधार पर राष्ट्र संगठित होता है। चिति से जागृत और एकीभूत हुई समष्टि की प्राकृतिक छात्र शक्ति अर्थात् अनिष्टों से रक्षा करने वाली शक्ति विराट् कही जाती है। चिति' के प्रकाश से जागृत एक जन की संगठित कार्यशक्ति विराट् से संचालित जीवन मातृभूमि की अराधना में इहलौकिक तथा पारलौकिक सभी प्रकार के ऐश्वर्य की प्राप्ति करता हुआ विश्व में अजेय बनकर खड़ा होता है। यही राष्ट्र के संबंध में चिरंतन सत्य सिद्धांत है और इसी सत्य का प्रकटीकरण भारत में हिंदू राष्ट्र है।"

"समाज की चिंति स्वयं को अभिव्यक्त करने तथा व्यक्तियों को विभिन्न पुरुषार्थी के संपादन की सुविधा प्राप्त कराने के लिए अनेक संस्थाओं को जन्म देती है। समाज में इनकी वही स्थिति है जो शरीर में विभिन्न अंगों की। जाति, वर्ण, पंचायत, संप्रदाय, संघ, पूग, विवह, संपत्ति, राज्य आदि इसी प्रकार की संस्थाएँ हैं। राज्य महत्त्वपूर्ण है, किंतु सर्वोपरि नहीं।"

"हमारी राष्ट्रीयता का आधार 'भारतमाता' है, केवल भारत नहीं। माता शब्द हटा दीजिए तो भारत केवल जमीन का एक टुकड़ा मात्र रह जाएगा। इस भूमि का और हमारा ममत्व तब आता है, जब माता वाला संबंध जुड़ता है। कोई भी भूमि तब तक देश नहीं कहला सकती, जब तक कि उसमें किसी जाति का मातृक ममत्व, यानी ऐसा ममत्व जैसा पुत्र का माता के प्रति होता है, न हो। यही देशभक्ति है, तथापि देशभक्ति का मतलब जमीन के टुकड़े के साथ प्रेम होना मात्र नहीं है। कई पशु-पक्षी भी तो अपने घर से चहुत प्रेम करते हैं- साँप अपना बिल नहीं छोड़ता, शेर मांद में ही निवास करता है, पक्षी रात में अपने पोंसले में लौट आते हैं, किंतु ये देशभक्त हैं, ऐसा नहीं कहा जा सकता। मानव भी जहाँ रहता है, वहाँ से उसका कुछ-न-कुछ लगाव हो ही जाता है, फिर भी इतने मात्र से देशभक्ति नहीं आती। उन लोगों का प्रेम ही देशभक्ति कही जाएगी, जो देश में 'एक जन' के नाते संबद्ध हैं। पुत्र रूप, 'एक जन' और माता रूप 'भूमि' के मिलन से ही देश की सृष्टि होती है। यही देशभक्ति है, जो अमर है।"

'राष्ट्र, एक स्थायी सत्य है। राष्ट्र की आवश्यकताओं को पूर्ण करने के लिए 'राज्य' पैदा होता है। 'राज्य' की उत्पत्ति के दो कारण बताए जाते हैं, यानी 'राज्य' की आवश्यकता दो स्थितियों में होती है। पहली आवश्यकता तब होती है जब राष्ट्र के लोगों में कोई विकृति आ जाए, उसके कारण उत्पन्न समस्याओं का नियमन करने के लिए राज्य उपस्थित किया जाता है। उदाहरण के लिए किसी मोहल्ले में यदि कोई झगड़ा न हो और न ही ऐसी कोई संभावना हो तो पुलिस कहीं दिखाई नहीं पड़ती, किंतु बलवा हो जाए ती झट पुलिस को बुलाया जाता है। दूसरी आवश्यकता तब पड़ती है जब समाज में कोई जटिलता उपस्थित हुई हो जाए एवं सार्वजनिक जीवन में व्यवस्था निर्माण करना जरूरी हो। निर्बलता, असहायता, दरिद्रता का लाभ शक्तिशाली संपन्न और साधनयुक्त वर्ग न उठा सके, सब

न्याय की सीमाओं में बंधे चल सकें, इसके लिए राज्य का निर्माण किया जाता है। वास्तव में इन दो कारणों से ही राज्य उत्पन्न होता है। समाज में आई हुई विकृति का नियमन करने के लिए विकृत व्यक्तियों को दंडित करना यानी शांति स्थापित करना और समाज में आई हुई जटिलता को सुलझाकर प्रत्येक व्यक्ति के लिए न्यायपूर्ण सम्मानित जीवन सुकर बना देना यानी सुव्यवस्था करना ही 'राज्य' के कार्य माने गए हैं। तीसरा एक कार्य जो इन्हीं दोनों कार्यों की पूर्ति का एक अंग है, वह विश्व के अन्य राज्यों के साथ संबंध स्थापित करना है, यानी बाह्य आक्रमण से रक्षा करने का कार्य भी राज्य करता है।"

सच्चा सामर्थ्य राज्य में नहीं 'राष्ट्र' में ही रहता है "राष्ट्रीय समाज 'राज्य' से बढ़कर, 'राष्ट्र' की आराधना करें। सच्चा सामर्थ्य 'राज्य' में नहीं 'राष्ट्र' में ही रहता है। इसलिए जो 'राष्ट्र' के प्रेमी हैं वे राजनीति के ऊपर राष्ट्रभाव का आराधन करते हैं। 'राष्ट्र' ही एकमेव सत्य है। इस सत्य की उपासना करना सांस्कृतिक कार्य कहलाता है। राजनीतिक कार्य भी तभी सफल हो सकते हैं, जब इस प्रकार के प्रखर राष्ट्रवाद से युक्त सांस्कृतिक कार्य की शक्ति उसके पीछे सदैव विद्यमान रहे।"

एकात्मक राज्य – इस प्रकार एकात्मक राज्य का अर्थ न तो बहुत निरंकुश केंद्र है और न ही इसका अर्थ है कि प्रांतों को समाप्त कर दिया जाएगा। प्रांतों के पास विभिन्न कार्यकारी शक्तियां होंगी। यहां तक कि प्रांतीय स्तर से नीचे की विभिन्न संस्थाओं, जैसे कि जनपदों के पास भी उपयुक्त शक्तियां होंगी। पंचायतों के पास भी शक्तियां होनी चाहिए। परंपरागत रूप से पंचायतों का बहुत महत्वपूर्ण स्थान था। कोई भी पंचायतों को भंग नहीं कर सकता था। लेकिन आज हमारे संविधान में इन पंचायतों के लिए कोई स्थान नहीं है। इन पंचायतों के पास अपने आप में कोई शक्ति नहीं है। वे केवल राज्यों की दया पर ही प्रदत्त प्राधिकार के रूप में मौजूद हैं। यह आवश्यक है कि उनकी शक्तियों को मौलिक माना जाए। इस तरह सत्ता का विकेंद्रीकरण पूरा हो जाएगा। अधिकार सबसे निचले स्तर तक वितरित किए जाएंगे, और पूरी तरह से विकेंद्रीकृत होंगे। साथ ही सत्ता की वे सभी संस्थाएं एकात्मक राज्य के इर्द-गिर्द केंद्रित होंगी।

संघ के खतरे– भारत को एक संप्रभु राज्य घोषित किया गया है, लेकिन इसकी संप्रभुता की रक्षा के लिए पर्याप्त व्यवस्था नहीं की गई है। पूरे देश में एक ही नागरिकता

स्थापित करके और केंद्र को पर्याप्त शक्ति देकर देश की एकता को मजबूत करने का प्रयास किया गया है, लेकिन देश को विभिन्न राज्यों का संघ मानकर इसकी एकता के आधार पर प्रहार किया गया है। शरीर विभिन्न अंगों का समूह नहीं है, इसके विपरीत अंग शरीर के अभिन्न अंग हैं। संघ की अवधारणा निश्चित रूप से भारत की एकता के लिए हानिकारक साबित होगी और राष्ट्र-विरोधी भावनाओं को बढ़ावा मिलेगा। राष्ट्रीयता की भावना के अभाव में सत्ता के लिए विभिन्न राज्यों का संघर्ष विषाक्त हो सकता है। भाषाई राज्यों की वर्तमान मांग ऐसी ही दुष्ट प्रवृत्ति का स्पष्ट उदाहरण है। एक संघ के रूप में भारत की अवधारणा एक बुनियादी गलती है जिसका किसी भी हालत में समर्थन नहीं किया जा सकता है।

धर्मनिरपेक्ष राज्य- आजकल धर्मशासित राज्य के विपरीत "धर्मनिरपेक्ष राज्य" शब्द का प्रयोग किया जा रहा है। इस शब्द का प्रयोग पश्चिमी विचारधारा की नकल मात्र है। हमें इसे आयात करने की कोई आवश्यकता नहीं थी। हमने इसे पाकिस्तान से तुलना करने के लिए धर्मनिरपेक्ष राज्य कहा। इससे कुछ गलतफहमियाँ पैदा हुई हैं। धर्म को धर्म के बराबर माना गया और फिर धर्मनिरपेक्ष राज्य का अर्थ धर्मविहीन राज्य माना गया। कुछ लोगों ने कहा कि हमारा राज्य धर्मविहीन है, जबकि अन्य लोगों ने बेहतर शब्द खोजने की कोशिश करते हुए इसे धर्म के प्रति उदासीन राज्य कहा। लेकिन ये सभी शब्द मूल रूप से गलत हैं। क्योंकि राज्य न तो धर्म के बिना हो सकता है और न ही धर्म के प्रति उदासीन हो सकता है, जैसे आग गर्मी के बिना नहीं हो सकती। अगर आग गर्मी खो देती हैः तो वह आग नहीं रह जाती। राज्य, जिसका मूल रूप से धर्म और कानून और व्यवस्था बनाए रखने के लिए अस्तित्व है, न तो धर्म के बिना हो सकता है और न ही धर्म के प्रति उदासीन हो सकता है। अगर वह धर्म के बिना है, तो वह एक कानूनविहीन राज्य होगा और जहाँ कानूनविहीनता है, वहाँ किसी राज्य के अस्तित्व का सवाल ही कहाँ उठता है? दूसरे शब्दों में धर्म और राज्य के प्रति उदासीनता की अवधारणाएँ स्वयं विरोधाभासी हैं। राज्य केवल धर्म का शासन हो सकता है, इसके अलावा कुछ नहीं। कोई भी अन्य परिभाषा उसके अस्तित्व के कारण के साथ संघर्ष करेगी। वर्तमान में राष्ट्र और राज्य को अनेक राजनीतिक और समाजशास्त्रीय अवधारणाओं के आधार पर पृथक- पृथक प्रस्तुत किया जाता है जिसके

अनुसार राज्य एक ऐसा अमूर्त सत्व है, जिसमें राजनीतिक विधिक संस्थाओं के समुच्चय समाहित होते है और वह एक खास भौगोलिक क्षेत्र पर और उसमें रहने वाले लोगों पर अपना नियन्त्रण रखता है।

मैक्स वेबर राज्य के लिए कहते है कि "राज्य एक ऐसा निकाय होता है जो एक विशेष क्षेत्र में विधि सम्मत एकाधिकार का सफलतापूर्वक दावा करता है।"

जबकि अन्य राज्य को एक समुदाय मानते है, तथा समाजशास्त्र में राज्य के मौलिक तत्त्वों में जनसंख्या, निश्चित भू-भाग, शासन या सरकार एवं प्रभुसत्ता को शामिल किया गया है। वहीं राष्ट्र एक अनूठे किस्म का समुदाय होता है, जिसका वर्णन तो आसान है परन्तु राष्ट्र को परिभाषित करना कठिन है। राष्ट्र शब्द लेटिन भाषा के '' नेशन'' से बना है जिसकी उत्पत्ति 'नेशियो' से हुई है जिसका अर्थ है- पैदा होना। राष्ट्र का मतलब स्वयं शासन करने वाली जाति से है जिसकी पैदाइश एक ही नस्ल से है।

मनुष्यों के ऐसे समुदाय, जिसके सदस्य एक निश्चित भूखण्ड का अनन्त काल से निवास कर रहे हों, जिनकी राजनीतिक आकांक्षाएँ एकसमान हो, जिनका इतिहास एक हो, परम्पराएं एक हो, धर्म व भाषा एक हो, हित-अहित एक हो, जिनके पूर्वज एक हो, जो एक सभ्यता एवं संस्कृति में गुँथे हो। एक राष्ट्र कहलाते है। राष्ट्र का अर्थ है ऐतिहासिक रूप से गठित लोगों का वह समुदाय जो एक समान भाषा, भू-भाग, अर्थव्यवस्था व मनोवैज्ञानिक विचार के कारण एक ही संस्कृति में अभिव्यक्त है।

ब्लशंली के अनुसार - राष्ट्र लोगों का वह समूह है जो विशेषतः भाषा, रीति-रिवाजों और समान सभ्यता के कारण आपस में बंधे होते है, जो उसमें एकता की भावना जगाती है।

राष्ट्र एक समुदाय ही होता है जो समुदायों से मिलकर बना एक समुदाय है। राष्ट्र के सदस्य एक ही राजनीतिक सामूहिकता का हिस्सा बनने की इच्छा रखते है तथा यही इच्छा राज्य बनाने की आकांक्षा के रूप में अभिव्यक्त होती है। सामान्य रूप से एक राष्ट्र का एक ही राज्य होता है पर अनेक बार कई राष्ट्रीयता रखने वाले लोगों का भी एक राज्य बन सकता है। जैसे यूरोप में स्विट्जरलैण्ड, बल्गेरिया या यूगोस्लावाकिया। स्विट्जरलैण्ड में फ्रांसीसी, जर्मन व इटालियन तीनों राष्ट्रीयताओं के लोग निवास करते है। वहीं राष्ट्र एक

राज्य से बडा हो सकता है। एक राष्ट्रीयता दो से अधिक राज्यों में भी फैली हो सकती है जैसे कोरियन राष्ट्रीयता उत्तरी व दक्षिण कोरिया में फैली हुई है।

पं. दीनदयालजी के अनुसार, "हमारे राष्ट्र-जीवन का भागीरथी प्रवाह आदिकाल से प्रवाहित हो रहा है। इस राष्ट्रत्व के प्रवाह का कण-कण पवित्र है। यद्यपि किसी भी काल का विचार मन को निर्मल करके उसमें देशभक्ति का संचार कर देता है; लेकिन जिस काल में महापुरुषों का प्रादुर्भाव हुआ, उसका महत्त्व जातीय जीवन में और भी अधिक है। महापुरुषों के जीवन और यश की स्मृति, जन-साधारण के चित्त पर उनका प्रभाव और जातीय चरित्र-गठन में उनके द्वारा प्रवर्तित आदर्शों की अनुप्राणना राष्ट्र के लिए अमूल्य संपत्ति और शक्ति का स्रोत है। उनका चिंतन, विचार और आलोचना जाति में नित्य नवीन उद्दीपन, उत्साह और सजीवता उत्पन्न करते हैं।"

पं. दीनदयालजी के अनुसार राष्ट्र का जीवन कुछ दिनों अथवा वर्षों में परिवर्तित नहीं होता और न ही कोई महापुरुष राष्ट्र-जीवन के संस्कारों से पूर्णतः निर्लिप्त होकर अपनी मानसिक, आध्यात्मिक या शारीरिक शक्तियों का विकास करके राष्ट्र-जीवन का निर्माण कर सकता है। इसके लिए संपूर्ण समाज एकजुट होकर प्रयत्न करता है। भारत में जब बौद्ध धर्म का निरंतर विस्तार होता जा रहा था, भारतीय मान्यताएँ तथा संस्कृति अंतिम साँसें ले रही थीं, तब जगद्गुरु आदिशंकराचार्य के नेतृत्व में भारतीय समाज ने एकजुट होकर अपनी संस्कृति और हिंदू धर्म की रक्षा की। उसी का परिणाम है कि राष्ट्र की आत्मा का प्रत्येक क्षेत्र में विकास हुआ तथा वह शक्ति-संपन्न बनी रही। आज के समय में वही संस्कृति और राष्ट्रीयता हमारे हृदय में विद्यमान है। इसी अखंड राष्ट्रीयता को पुनः आसनारूढ़ करके मातृभूमि के गौरव और स्वाभिमान को प्राप्त करने के लिए अपने पूर्वजों की परंपरा को अपनाना होगा।

पंडित के अनुसार जो संबंध शरीर और आत्मा का है, वही परस्पर संबंध राष्ट्र और संस्कृति का है। यदि राष्ट्र शरीर है तो संस्कृति उसकी आत्मा है। संस्कृति-विहीन राष्ट्र की तुलना आत्मारहित मृत शरीर से की जाती है। राष्ट्र में होनेवाली विभिन्न क्रियाओं का उसके अस्तित्व पर कोई प्रभाव नहीं पड़ता। लेकिन यदि संस्कृति समाप्त हो जाए तो राष्ट्र को भी नष्ट हुआ समझना चाहिए। जब किसी राष्ट्र के नष्ट होने की बात कही जाती है तो

उसका मतलब यह नहीं है कि वहाँ के सभी निवासी मारे गए या भूमि अपने स्थान से हट गई। इसका अर्थ वहाँ की संस्कृति के नष्ट या लुप्त होने से होता है।

पं. दीनदयालजी के मतानुसार, "राष्ट्रीयता मूलतः भावात्मक है। लेकिन इसके विरोधात्मक स्वरूप की अभिव्यक्ति इतनी प्रबल है कि कई बार बड़े-बड़े विचारक भी इसके वास्तविक स्वरूप को भूल जाते हैं। आज प्रत्येक राष्ट्र अपने-अपने स्वार्थों की पूर्ति तथा दूसरे के स्वार्थों को नष्ट करने के लिए प्रयत्नशील है। विश्व को इस संहार और विनाश से बचाने के लिए आवश्यक है कि स्थिति को बदला जाए। विश्व को संघर्षात्मक स्थिति से बचाकर सृजनात्मक बनाना होगा। जीवात्मा के समान राष्ट्रात्मा के स्थायित्व एवं विश्वात्मा के साथ उसके अभिन्न संबंधों के आधार पर हम विकास की वह धारा निश्चित कर सकेंगे, जो विरोधात्मक न होकर विधायक होगी। पश्चिम के दार्शनिक इस बात को क्यों भूल जाते हैं कि प्रत्येक राष्ट्र सर्वसत्ता की ओर से एक उद्देश्य लेकर पैदा हुआ है। इस कार्य की सिद्धि के लिए संपूर्ण शक्तियों को लगा देना ही राष्ट्र के विकास का सर्वोत्तम एवं एकमेव साधन है।

पंडित दीनदयाल जी उपाध्याय के राष्ट्र के सम्बंध में विचारों से स्पष्ट है कि वो राष्ट्र को सर्वोपरि और विराट मानते है, उनके अनुसार राष्ट्र केवल सीमाओं से बंधी एक भूमिभर नहीं है अपितु एक जागृत पुरुष है। ऐसा पुरुष जो अपने अंदर रहने वाले लोगों के पुरुषार्थ से संचालित होता है। पंडित जी के अनुसार प्रत्येक व्यक्ति अपने जीवन का उदेश्य लेकर पैदा होता है उसमे सर्वोत्तम और सर्वोपरी लक्ष्य है कि वो अपने समाज और राष्ट्र के निर्माण में स्वयं को खपा दे। वर्तमान मे जीवन के उदेश्य से भटकें हुए युवाओं के लिए पंडित दीनदयाल जी राष्ट्र की अवधारणा पथप्रदर्शक का कार्य कर सकती है। वर्तमान युवा जो स्वयं के जीवन और स्वार्थ तक ही सीमित होता जा रहा है वो समाज और राष्ट्र के निर्माण में अपनी सकारात्मक भूमिका निभा सकता है और केवल सकारात्मक भूमिका ही नहीं अपितु भारत नामक राष्ट्र को पुनः विश्वगुरू के सिंहासन पर विराजित कर सकता है।

राष्ट्रजीवन दर्शन

"जिस प्रकार शरीर के विभिन्न अंग स्वतंत्र अस्तित्व के लिए नहीं अपितु एक शरीर के लिए कार्य करते हैं, उसी प्रकार राष्ट्र की सभी इकाइयाँ स्वयं के हित की अपेक्षा राष्ट्र के हितार्थ कार्यरत होनी चाहिए। एक सुदृढ़ और विकसित राष्ट्र-निर्माण के लिए उनकी पहचान एक स्वतंत्र इकाई की अपेक्षा राष्ट्र के अंग-रूप में होनी चाहिए।"

– पं. दीनदयाल उपाध्याय

दीनदयालजी ने अनेक महत्त्वपूर्ण भाषण देकर समय-समय पर जन- साधारण को जागरूक करने तथा उसमें नवचेतना का संचार करने का कार्य किया। उनके ये भाषण राष्ट्र, राष्ट्रभाषा, समाज, लोकतंत्र, स्वतंत्रता, अर्थव्यवस्था, शिक्षा, धर्म आदि नाना विषयों से संबंधित थे, जिन्हें उन्होंने 'राष्ट्र-चिंतन' नामक पुस्तक में संगृहीत किया। इस अध्याय में दीनदयालजी के कुछ महत्त्वपूर्ण लेखों व विचारों को प्रस्तुत किया गया है, जो वर्तमान समय में भी समाज और राष्ट्र के लिए प्रासंगिक है।

राष्ट्र-जीवन की समस्याएँ – पं. दीनदयाल उपाध्याय के अनुसार "भारत में एक ही संस्कृति रह सकती है; एक से अधिक संस्कृतियों का नारा देश के टुकड़े-टुकड़े कर हमारे जीवन का नाश कर देगा। अतः आज लीग का द्विसंस्कृतिवाद, कांग्रेस का प्रच्छन्न द्विसंस्कृतिवाद तथा साम्यवादियों का बहुसंस्कृतिवाद नहीं चल सकता है। आज तक एक संस्कृतिवाद को सांप्रदायवाद कहकर ठुकराया गया, किंतु अब कांग्रेस के विद्वान् भी अपनी गलती समझकर एक संस्कृतिवाद को अपना रहे हैं। इसी भावना और विचार में भारत की एकता तथा अखंडता बनी रह सकती है तथा तभी हम अपनी संपूर्ण समस्याओं को सुलझा सकते हैं।"

अन्य जन्मजात प्रवृत्तियों के साथ-साथ देशभक्ति की भावना भी मनुष्य स्वभाव से

प्राप्त करता है। लेकिन दबाव या परिस्थितिवश उसकी यह भावना धीरे-धीरे सुप्त होकर समाप्त हो जाती है। दीनदयालजी के अनुसार, देशभक्तों का एकमात्र ध्येय है- 'देश को आदर्श स्वरूप प्रदान करना।' यद्यपि उनका ध्येय एक ही होता है, लेकिन उसे प्राप्त करने के लिए वे भिन्न-भिन्न मार्ग अपनाते हैं। उनकी दृष्टि में उनके द्वारा अपनाए गए मार्ग सर्वोत्तम की श्रेणी में आते हैं। दीनदयालजी ने इन मार्गों को चार वर्गों में बाँटकर उनका विश्लेषण किया है। ये चार वर्ग हैं-

अर्थवादी : इस वर्ग में साम्यवादी या समाजवादी लोग आते हैं, जिनके मतानुसार संपत्ति का असमान स्वामित्व और वितरण ही सभी समस्याओं की जड़ हैं। इसमें सुधार करना ही वे अपना एकमात्र ध्येय समझते हैं। उनके अनुसार, भारतीय राजनीति का निर्धारण अर्थनीति के आधार पर होना चाहिए। उनकी दृष्टि में संस्कृति और मत को वे हीन समझकर महत्त्वहीन मानते हैं।

राजनीतिवादी : यह वर्ग उन कांग्रेसी नेताओं का है, जो भारत की राजनीतिक बागडोर सँभाले हुए हैं। उनका एकमात्र उद्देश्य भारत के राजनीतिक प्रभुत्व को प्राप्त करना है। वे धर्म, संस्कृति और अर्थनीति की व्याख्या राजनीतिक दृष्टिकोण से करते हैं।

मतवादी : इस वर्ग में वे लोग सम्मिलित हैं, जो धार्मिक कट्टरवाद के समर्थक हैं। ये लोग अपने-अपने धर्म के सिद्धांतों के आधार पर देश की राजनीति को चलाना चाहते हैं। इन्हें मजहबपरस्त या धर्मनिष्ठ भी कहा जा सकता है।

संस्कृतिवादी : चौथा वर्ग संस्कृतिवादियों का है। भारतीय संस्कृति की रक्षा करना तथा उसका विकास ही इनका एकमात्र उद्देश्य है। इनके मतानुसार, यदि भारत की संस्कृति की अवहेलना कर हम पाश्चात्य भोग-प्रधान जीवन को स्वीकार कर लें तो निश्चित ही यह देश समाप्त हो जाएगा। इस विचारधारा को स्वीकारने वाले अनेक लोग राष्ट्रीय स्वयंसेवक संघ तथा कुछ अंशों में कांग्रेस में भी सम्मिलित हैं। इनकी दृष्टि में राजनीति केवल संस्कृति की पोषक है।

उपर्युक्त चारों वर्गों के वर्णन द्वारा दीनदयालजी ने अर्थ, धर्म, राजनीति व संस्कृति में से संस्कृति को अधिक श्रेष्ठ और उत्तम बताया है। इसमें भी उन्होंने एक-संस्कृतिवाद को महत्त्व दिया है। उनके अनुसार, संस्कृति भारत की आत्मा है। इसे बचाकर ही भारतीयता

की रक्षा और विकास संभव है। पं. दीनदयालजी के अनुसार भारतीय राजनीति की एक मौलिक भूल यह है, कि वे भारत के भिन्न-भिन्न वर्गों का स्वतंत्र अस्तित्व मानते हैं। उनके इस अस्तित्व को स्वीकार करके फिर वे इस बात का प्रयत्न करते हैं कि यह अस्तित्व किस प्रकार राष्ट्र के हितार्थ काम में आए। आज तक उनका संपूर्ण प्रयत्न इस प्रकार भिन्न-भिन्न स्वतंत्र मानी हुई इकाइयों के बीच एकता और सामंजस्य स्थापित करने का ही रहा है। पंडित दीनदयालजी का मानना था कि जो यह वर्गीकरण हुआ है, वह केवल सांप्रदायिक आधार पर नहीं था, बल्कि भाषा और आर्थिक स्थिति ने भी इसमें महत्त्वपूर्ण भूमिका निभाई। भारतीय नेताओं ने समाज के प्रत्येक भाषा-भाषी समुदाय को एक अलग अस्तित्व प्रदान किया। जमींदार एवं किसान, पूँजीपति एवं श्रमिक, शोषक एवं शोषित - इनके अलग-अलग स्वतंत्र अस्तित्व की परिकल्पना की गई। इसके परिणामस्वरूप संपूर्ण राष्ट्र विभिन्न प्रांतों, समुदायों तथा जातियों में विभक्त हो गया। इसकी एकता और अखंडता संकट में पड़ गई। राष्ट्रीय एकता और सामंजस्य के संदर्भ में वे मानव शरीर का उदाहरण देते हुए कहते हैं कि जिस प्रकार शरीर के विभिन्न अंग स्वतंत्र अस्तित्व के लिए नहीं अपितु एक शरीर के लिए कार्य करते हैं, उसी प्रकार विभिन्न स्वतंत्र इकाइयाँ स्वयं के हित की अपेक्षा राष्ट्र के हितार्थ कार्यरत होनी चाहिए। उनकी पहचान एक स्वतंत्र इकाई की अपेक्षा राष्ट्र के अंग-रूप में होनी चाहिए, जो राष्ट्र-निर्माण में महत्त्वपूर्ण योगदान दे। एक सुदृढ़ और विकसित राष्ट्र-निर्माण के लिए पं. दीनदयालजी कहते हैं, "जब तक राजनीति की इस मौलिक भूल का परिमार्जन नहीं होगा, तब तक राजनीतिक भारत का निर्माण सुदृढ़ नींव पर नहीं हो सकता।"

संविधान – संविधान के संबंध में दीनदयालजी कहते हैं, कि यदि संविधान की धाराओं का विचार किया जाए तो लोकतंत्र के आदर्श के अनुसार वयस्क मताधिकार और पूर्णतः लोकतंत्रीय शासन- प्रणाली प्रगति का वह बिंदु है, जहाँ बड़े-बड़े सभ्य देश भी नहीं पहुँच सके; लेकिन जनता में राजनीतिक क्षमता की कमी, गिरे हुए नैतिक स्तर, आत्माभिमान की कमी, अनेक वर्षों की गुलामी और निरंकुश शासन के फलस्वरूप स्वशासन एवं लोकतंत्रात्मक परंपराओं में शून्य स्थिति, अंतर्बाह्य अशांति की अवस्था तथा अधिकारियों द्वारा लोकमत की उपेक्षा- इन सबको देखकर प्रश्न उठता है कि इस आदर्श

को हम व्यवहार में कहाँ तक उपयोगी बना सकेंगे ? आज जनता को अधिकार मिल गए हैं। अधिकारों की रक्षा के लिए संविधान में समुचित व्यवस्था की गई है। लेकिन आज निर्माण-काल में अधिकारों की भावना के बीच क्या राष्ट्र-निर्माण संभव है? अधिकार विरोध कर सकता है, ध्वंस कर सकता है, लेकिन उससे निर्माण की आशा व्यर्थ है। केवल कर्तव्य ही राष्ट्र-निर्माण में पूरक है। यही समाज की सामूहिक शक्ति की एकता को स्थापित करता है। "संविधान द्वारा भारत को 'संपूर्ण प्रभुत्व-संपन्न' घोषित किया गया है। लेकिन उसका प्रभुत्व स्थायी रहे, इसके लिए भली-भाँति व्यवस्था नहीं की गई। संविधान में एक ओर तो केंद्र को पर्याप्त शक्ति देकर तथा देश में एक ही नागरिकता का प्रावधान कर राष्ट्रीय एकता को सुदृढ करने का प्रयास किया गया है, वहीं दूसरी ओर विभिन्न राज्यों को संघ मानकर उस एकता के मूल पर आघात किया गया है। संघीय कल्पना निश्चित ही राष्ट्रीय एकता के लिए घातक है। इससे राष्ट्र- विरोधी भावनाओं को प्रश्रय मिलेगा। राष्ट्रीयता के अभाव में राज्यों के अधिकार की लड़ाई कभी भी भयावह रूप धारण कर सकती है। वर्तमान में भाषा के अनुसार प्रांतों की माँग इसी का परिणाम है।"

राष्ट्रभाषा - पं. दीनदयाल जी हिन्दी और भारतीय भाषाओं के प्रबल समर्थक थे। उपाध्याय जी ने अपने एक साक्षात्कार में कहा था कि अंग्रेजी को भारत की राष्ट्रीय चेतना का प्रेरणास्रोत और उपकरण मानना हमारी राष्ट्रीयता के सच्चे और सकारात्मक दर्शन की उपेक्षा करना है। उन्होंने आगे कहा कि ऐसा लगता है कि मैकाले की भविष्यवाणी सही निकल रही है कि भारत के अंग्रेजीदां लोग नाम के ही भारतीय हैं। ये लोग न तो भारत की आत्मा को पहचान पाएंगे और न ही सकारात्मक आदर्शों को पाने के लिए जन-समाज को प्रेरित कर पाएंगे (अंग्रेजी पत्र, 'ऑर्गेनाइज़र' 23 अक्तूबर, 1961)। उपाध्याय जी स्पष्ट रूप से कहते थे कि एकता जनता की इच्छा-शक्ति पर आधारित होती है। अगर जनता मिलजुल कर एक-साथ रहें, अपने राष्ट्र के प्रति उसकी आस्था और दृढ़ संकल्प हो तो जनता की संकल्प-शक्ति को ध्यान में रखते हुए सरकार को भी हर हालत में एकता को बनाए रखना है। ब्रिटिश शासन में भारत की एकता को अंग्रेजी जैसी विदेशी भाषा के योगदान को अस्वीकार करते हुए उन्होंने कहा कि ब्रिटिश शासन में यह एकता केवल कृत्रिम और नकारात्मक थी। सकारात्मक और रचनात्मक एकता केवल हमारी अपनी

भाषाओं से ही संभव हो सकती है। उपाध्याय जी ने अपने एक वक्तव्य में अंग्रेज़ी का विरोध करते हुए स्पष्ट शब्दों में कहा था कि अंग्रेज़ी की लड़ाई केवल हिन्दी के लिए नहीं है, बल्कि सभी भारतीय भाषाओं के हित के लिए भी है। अंग्रेज़ी को हटाने से केवल हिन्दी का भला नहीं होगा बल्कि अन्य भारतीय भाषाओं का भी हित होगा। अंग्रेज़ी के रहने से न तो कोई भारतीय भाषा पनप पाएंगी और न ही विकसित हो पाएंगी। उनकी यह भी मान्यता थी कि तमिल, बंगला तथा अन्य भारतीय भाषाओं को हिन्दी ने पीछे नहीं किया बल्कि अंग्रेज़ी ने ही किया है। भारत में जब तक अंग्रेज़ी का वर्चस्व रहेगा तब तक हम मुक्त भाव से अपने सांस्कृतिक पुनर्जागरण का आनंद नहीं ले पाएंगे और आधुनिक वैज्ञानिक ज्ञान के पहुँचने के मार्ग में जाने का खतरा भी बना रहेगा। इसलिए विदेशी भाषा के चंगुल से अपने-आप को मुक्त करना होगा। अंग्रेज़ी की नकल से विश्व का ज्ञान तो प्राप्त नहीं होगा वरन् अपनी भाषाओं से अपना अमूल्य ज्ञान भी प्राप्त नहीं कर पाएँगे।

वे हिन्दी को भारत की संपर्क भाषा मानते हुए कहते हैं कि भारत संघ की राजभाषा की भूमिका निभाने में हिन्दी पूर्णतया समर्थ है और क्षेत्रीय भाषाएँ अपने-अपने प्रदेश की राजभाषा का काम कर सकती हैं। इससे देश को एक प्रकार का द्विभाषी होना होगा। संघ सरकार के जो कार्यालय राज्यों में स्थित हैं, उन्हें हिन्दी और क्षेत्रीय भाषा दोनों का प्रयोग करना होगा। उनके अनुसार राष्ट्रभाषा का संबंध राष्ट्रीयता से होता है, क्योंकि राष्ट्रीयता जातीय गौरव और राष्ट्रीय चेतना से जुड़ी होती है। राष्ट्रीय चेतना का संबंध सामाजिक-सांस्कृतिक चेतना से होता है। इसका संबंध 'भूत' और 'वर्तमान' के साथ होता है तथा अपनी महान् परंपरा के साथ जुड़ी होती है। राष्ट्र के लिए राष्ट्रभाषा सामाजिक-सांस्कृतिक अस्मिता की भाषा की अभिव्यक्ति के रूप में कार्य करती है।

राष्ट्र का निर्माण जनता करती है। इसलिए वही भाषा अपनाई जाए जो सरकार में निर्णायक भूमिका निभा सके और वह हो सकती है जनता की ही भाषा । उनका यह मत है कि भाषा शून्यता (vacuum) में नहीं पनपती। सरकारी फाइलों में विकसित नहीं होती। हमें अपनी भाषा का प्रयोग स्वयं करना होगा। सरकार का अनुकरण जनता नहीं करती, सरकार को जनता का अनुकरण करना होगा। यदि सरकार ऐसा करने से इन्कार करती है तो वह अपनी जड़ें खो देती है। अगर भाषा के मामले में सरकार की चलती तो बहुत पहले

ही फ़ारसी देश की भाषा होती। मुस्लिम शासकों का संदर्भ देते हुए वे कहते हैं कि दिल्ली के मुस्लिम शासकों ने शताब्दियों तक अपना राजकाज फ़ारसी भाषा में किया लेकिन जनता अपनी भाषाओं में ही अपना काम करती रही। अंत में मुग़ल शासकों को जनता की भाषा खड़ी बोली को अपनाना पड़ा। बाद में अदालतों में हिन्दी की एक विशिष्ट शैली उर्दू का विकास भी हुआ, लेकिन सरकारी और अदालती भाषा उर्दू को जनभाषा का दर्जा नहीं मिल सका। सूरदास और तुलसी दास ने जनता की भाषा ब्रज और अवधी को ही प्राथमिकता दे कर काव्य-रचना की। उर्दू की साहित्यिक महत्ता का उल्लेख करते हुए वे कहते हैं कि साहित्य में उर्दू का विशेष योगदान होने के बावजूद यह राष्ट्रीय पुनर्जागरण की माध्यम भाषा नहीं बन पाई। जनभाषा हिन्दी ही राष्ट्रीय पुनर्जागरण का नैसर्गिक चुनाव थी। यह हमारे स्वतंत्रता-संग्राम की भाषा बन गई है, स्वतंत्रता-संग्राम का प्रतीक बन गई और साथ ही स्वतंत्रता-सेनानियों के रचनात्मक कार्यक्रमों की अभिव्यक्ति बन गई।

विद्यालयों में त्रिभाषा सूत्र में अंग्रेजी भाषा को सम्मिलित करने में उपाध्याय जी सहमत नहीं थे। त्रिभाषा सूत्र लागू करने पर उनका मत है कि इस त्रिभाषा सूत्र में अगर हिन्दी, अंग्रेजी और क्षेत्रीय भाषा लागू होगा तो उससे संस्कृत बाहर कर दिया जाएगा, जो क्षेत्रीय भाषाओं के लिए भी हानिकारक होगा। यदि हिन्दी को लिया जाता है तो अंग्रेजी का वर्चस्व नहीं हो पाएगा और उसका स्तर भी ऊँचा नहीं हो पाएगा। अंग्रेजी को विषय के रूप में पढ़ाने के बारे में उनका कथन है कि क्षेत्रीय भाषाओं के साथ-साथ हिन्दी एवं संस्कृत भाषाओं का साझे रूप में रखा जाएगा जो भारतीय शिक्षा प्रणाली के लिए उचित नहीं है। इसलिए हिन्दी को अब सक्रियता (action) की भाषा बनाना है।

इस प्रकार उपाध्याय जी के भाषा संबंधी विचार गंभीर, सुलझे हुए और विद्वतापूर्ण हैं। उनके अनुसार भारतीय संस्कृति और परंपरा को दृष्टिगत रखकर ही भारत की प्रगति हो सकती है और वह भी केवल अपनी भाषाओं में हो सकती है। वे संस्कृत, हिन्दी और अन्य भारतीय भाषाओं के प्रबल समर्थक रहे हैं। वे अपनी भाषाओं के विकास और संवर्धन में ही राष्ट्र का विकास और संवर्धन मानते थे। उनकी यही आकांक्षा थी कि हिन्दी और भारतीय भाषाएँ हमारी राष्ट्रीय अस्मिता, राष्ट्रीय एकता, राष्ट्रीय संघर्ष और राष्ट्रीय उपलब्धि की प्रतीक बनी रहें।

अखंड भारत – दीनदयालजी के मतानुसार, राष्ट्र के प्रत्येक राजनीतिक, धार्मिक एवं सामाजिक दल का एकमात्र उद्देश्य 'अखंड भारत' होना चाहिए। वे आगे कहते हैं कि "हमारे राष्ट्र की प्रकृति है 'अखंड भारत', 'खंडित भारत' विकृति है। आज हम विकृति में सुख और आनंद की अनुभूति कर भ्रमित हो रहे हैं। यदि सत्य को स्वीकार किया जाए तो हमारा अंतसंघर्ष दूर होकर हमारे प्रयत्नों में एकता और बल आ जाएगा। अखंड भारत की स्थापना के संदर्भ में अनेक लोगों को शंका है। उनकी यह शंका पराभूत मनोवृत्ति की देन है। पिछले इतिहास और असफलताओं के चलते वे इतने दब गए हैं कि उनमें संघर्ष और पुनर्निर्माण का साहस समाप्त हो गया है। सन् 1947 में पृथकतावादी नीतियों की विजय ने लोगों को साहस-शून्य कर दिया। अब वे उसी पराजय को स्थायी बनाना चाहते हैं। लेकिन राष्ट्र को उसकी प्रकृति के विरुद्ध चलाना आत्मघात के समान होगा। वस्तुतः सन् 1947 की पराजय राष्ट्रीय एकता के लिए किए गए प्रयत्नों की पराजय थी। इसमें असफलता का प्रमुख कारण उद्देश्य का गलत चुनाव नहीं, बल्कि उसकी प्राप्ति के लिए गलत मार्ग का चुनाव था।"

वे कहते हैं, "यदि एकता हमारा लक्ष्य है तो हमें भारतीय राष्ट्रीयता, जो हिंदू राष्ट्रीयता है- तथा भारतीय संस्कृति, जो हिंदू संस्कृति है- का दर्शन करना चाहिए। हमने संस्कृति और राष्ट्र की एकता का जो अनुभव किया है, वह हजारों वर्षों से चली आ रही असफलताओं से अधिक है। इसलिए हमें हिम्मत नहीं हारनी चाहिए। इस संघर्ष में नित्य नए सिपाही जुड़ते रहेंगे। इसलिए विजय के विषय में सोचना नहीं छोड़ना चाहिए।" इस प्रकार दीनदयालजी ने राष्ट्रीय एकता और अखंडता के लिए भारतीय राष्ट्रीयता एवं संस्कृति को अपनाने पर जोर दिया।

स्वतंत्रता – पं. दीनदयालजी स्वतंत्रता के महत्त्व, उसकी साधना और सिद्धि पर प्रकाश डालते हुए कहते हैं, "किसी भी जीवंत राष्ट्र का 'स्वराज्य' एक सामान्य लक्षण है। स्वराज्य के बिना न तो राष्ट्र अपना हित-संपादन कर सकता है और न ही अपनी अभिव्यक्ति। इसलिए जिस प्रकार प्राणी के लिए उसके प्राण आवश्यक हैं, उसी प्रकार एक राष्ट्र के लिए उसकी स्वतंत्रता अनिवार्य है। यही कारण है कि स्वतंत्रता की प्राप्ति तथा उसके संरक्षण एवं संवर्धन से इतिहास भरा पड़ा है। "

वे आगे कहते हैं, "भारत की भी अपनी एक प्रकृति है। उसकी भी एक आत्मा है। उसके साक्षात्कार का प्रयत्न हमारा साध्य होना चाहिए। इसके द्वारा ही हम अपनी समस्याओं का समाधान कर सकेंगे, अपने देश की समृद्धि एवं जन के सुख और हित की व्यवस्था कर सकेंगे तथा मानव की प्रगति में अपना योगदान दे सकेंगे। इस ध्येय के सहारे ही हम राष्ट्र के जन-जन में प्रबल पुरुषार्थ, त्याग और तपस्या के भाव पैदा कर सकेंगे। इसी स्थिति में उन्हें कर्म की प्रेरणा मिलेगी तथा उस कर्म की आराधना में उनके जीवन का विकास होगा। इसी से उनकी आत्मा को सुख मिलेगा।

"श्रेय और प्रेय, दोनों को प्राप्त करने के लिए राष्ट्र को आदर्शवादी बनाना होगा। इस आधार पर राजनीतिक स्वतंत्रता तथा आर्थिक समृद्धि का मार्ग प्रशस्त होगा। इससे वे विवेक और सामर्थ्य पैदा होंगे, जिनसे हम पुरानी रूढ़ियों को बदलकर तथा विदेशी प्रभावों से मुक्त होकर नई, स्वस्थ एवं चैतन्य संस्थाओं को जन्म दे सकेंगे। इससे भारत राष्ट्र नए विश्व की रचना में महत्त्वपूर्ण योगदान दे सकेगा। यही हमारी नियति है, यही स्वतंत्रता की साधना और सिद्धि होनी चाहिए।"

"लोकतंत्र में मनुष्य का संयमी होना अत्यंत आवश्यक है। असंयमी होने पर वह अपनी स्वार्थ सिद्धि के लिए अपने क्षेत्र में एकाधिपत्य प्रतिष्ठापित करके लोकतंत्र की हत्या कर देगा। असफल होने की स्थिति में लोकतंत्र उसके लिए रसहीन और दुःखदायी हो जाएगा। यदि समाज का बहुभाग लोकतंत्र में सुख और आनंद की अनुभूति नहीं कर सकता तो उसके लिए लोकतंत्र आत्मा से रहित बेजान ढाँचा मात्र है।

"लोकतंत्र में दूसरे की इच्छा के सम्मुख झुकना भी समाज के लिए अत्यंत खतरनाक है। सज्जन एवं धर्मभीरु आग्रह छोड़कर दूसरों के कथन स्वीकार कर लेते हैं। इसके विपरीत, दुर्जन और दुराग्रही अपने हठ पर अड़े रहते हैं। ऐसे में यदि वे लोग समाज के नेतृत्वकर्ता बन जाएँ तो धीरे-धीरे लोकतंत्र का रूप अत्यंत विकृत होकर समाज के लिए भयावह हो जाता है। इसी बात को ध्यान में रखकर हमारे शास्त्राकारों ने लोकमत परिष्कार की व्यवस्था की। इसके परिणामस्वरूप सहिष्णु एवं संयमशील व्यक्तियों का मंडल निरंतर बढ़ता जाएगा। लेकिन अब प्रश्न यह उठता है कि परिष्कार का कार्य कौन करे ?

"भारत ने इस समस्या का समाधान राज्य के हाथ से लोकमत-निर्माण के साधन छीनकर

किया। लोकमत परिष्कार का कार्य वीतराग द्वंद्वातीत संन्यासियों का है, जबकि लोकमत के अनुसार चलने का काम राज्य का है। संन्यासी धर्म के तत्त्वों के अनुसार समाज के ऐहिक और आध्यात्मिक समुत्कर्ष की कामना लेकर अपने वचनों एवं निरीह आचरण से जन-जीवन में संस्कार डालते हैं, उन्हें धर्म की मर्यादाओं का समुचित ज्ञान कराते हैं। मोह और लोभ से रिक्त होने के कारण वे सत्य का सहज ही अनुसरण कर लेते हैं। शिक्षा और संस्कार से समाज के जीवन-मूल्य सुदृढ होते हैं। इससे लोकमत कभी भी राष्ट्र के लिए खतरा नहीं बनेगा ।

"लोक-राज्य तभी सफल होगा, जब समाज का प्रत्येक व्यक्ति अपनी जिम्मेदारी को समझकर उसका निर्वाह करेगा। राज्य को चलाने की जिम्मेदारी उसकी है, यह समझकर समाज अधिक संयमी होता जाएगा। जनता समय-समय पर अपने प्रतिनिधि के रूप में भिन्न-भिन्न दलों को चुनती है। यदि जनता जिम्मेदार हो तो दल कभी संयम-शून्य नहीं होंगे। इसके लिए आवश्यक है कि जनता को सुसंस्कृत किया जाए। इस कार्य को करनेवाले व्यक्ति राज्य-मोह से दूर रहें। "

लोकतंत्र – पंडित दीनदयालजी ने अपने भाषण में कहा, "स्वतंत्रता-प्राप्ति के बाद भारत ने लोकतंत्रीय शासन प्रणाली का चयन किया। संविधान में इसकी जो व्याख्या की गई है, वह निस्संदेह नई है। लेकिन इसका अर्थ यह नहीं है कि जनमत इस राष्ट्र के लिए नया है। विभिन्न धार्मिक शास्त्रों एवं इतिहास में वर्णित है कि वैदिक सभा तथा समिति का गठन लोकतंत्रीय व्यवस्था के अंतर्गत होता था। इतना ही नहीं, मध्यकाल में अनेक गणराज्य लोकतंत्रीय थे।

"लोकतंत्र के महत्त्वपूर्ण अंगों में बालिग मताधिकार तथा निर्वाचन सम्मिलित किए जाते हैं; लेकिन केवल इन्हीं से लोकतंत्र की स्थापना की बात करना मूर्खता है। मताधिकार या निर्वाचन द्वारा चुने गए शासन को लोकतंत्र की अपेक्षा बहुतंत्र कहना अधिक उपयुक्त होगा। इसे आदर्श शासन नहीं कहा जा सकता। इसके लिए आवश्यक है कि शासन-प्रणाली में विरोधी दल के व्यक्तियों का भी आवश्यक सहयोग प्राप्त किया जाए।

"सामंजस्य और समन्वय की मिली-जुली भावना पर लोकतंत्र आधारित है और इस भावना के लिए सहिष्णुता की आवश्यकता होती है। इसके अभाव में लोकतंत्रीय व्यवस्थाएँ

प्राणहीन हैं। भारतीय संस्कृति का मूल आधार सहिष्णुता है। इसी से जनता को जानने और समझने की शक्ति प्राप्त होती है। जो उनकी आत्मा के स्वर को पहचानकर उनके अनुरूप अपने क्रिया-कलापों को ढाल सकता है, वास्तव में वही लोकतंत्रीय शासन है।

अर्थनीति – दीनदयालजी के मतानुसार- "विश्व की वर्तमान समस्याओं में आर्थिक समस्या सबसे महत्त्वपूर्ण और प्रभावशाली है। किसी एक देश की आर्थिक समस्या का प्रभाव संपूर्ण विश्व पर पड़ता है। इसके उन्मूलन के लिए विद्वानों ने उत्पादन पर जोर देकर पूँजीवाद की नींव रखी। परंतु लाभ में भागीदारी न मिलने से श्रमिकों में असंतोष व्याप्त हो गया, जिसने समाजवाद को जन्म दिया। दोनों ने ही उत्पादन और उसके वितरण पर अधिक ध्यान देकर उपभोग को नजरअंदाज कर दिया। इसके फलस्वरूप वर्ग-संघर्ष उत्पन्न हुआ।

अर्थशास्त्रियों के अनुसार-संघर्ष की स्थिति से बचने के लिए उत्पादन, वितरण और उपभोग, इनमें परस्पर संतुलन आवश्यक है। मनुष्य की प्रकृत भावनाओं का संस्कार करके उसमें अधिकाधिक उत्पादन, समान वितरण तथा संयमित उपभोग की प्रवृत्ति उत्पन्न करना ही आर्थिक क्षेत्र में संस्कृति का कार्य है। इससे तीनों अंगों में पर्याप्त संतुलन बना रहता है।

"भारतीय चेतना की प्रकृति लोकतंत्रीय है। यद्यपि राजनीति में प्रजातंत्र का योगदान स्पष्ट है, तथापि आर्थिक क्षेत्र में भी लोकतंत्र अपने पैर पसार रहा है। जिस प्रकार प्रजा के हाथ में राजनीतिक शक्ति का विकेंद्रीयकरण कर शासन-व्यवस्था का संचालन किया जाता है, उसी प्रकार आर्थिक शक्ति का विकेंद्रीयकरण करके प्रजा द्वारा अर्थव्यवस्था का निर्माण और संचालन होना चाहिए।"

शिक्षा – पं. दीनदयाल ने शिक्षा के महत्त्व को खुले दिल से स्वीकारा है। वे कहते हैं, "शिक्षा का संबंध जितना व्यक्ति से है, उससे अधिक समाज से। हम ऐसे मानव की कल्पना कर सकते हैं, जिसे किसी भी प्रकार की शिक्षा न मिली हो और जो सहज प्रवृत्तियों के सहारे ही जीवन यापन करता हो, किंतु बिना शिक्षा के समाज संभव नहीं।" शिक्षा की परिभाषा देते हुए उन्होंने स्पष्ट किया है, "मनुष्य विभिन्न क्षेत्रों के अपने संपूर्ण अनुभव या उसके सारभूत अंश को विभिन्न उपायों द्वारा अन्य मनुष्यों को प्रदान या संसर्गित करता है।

अनुभव-प्रसारण की यही क्रिया 'शिक्षा' कहलाती है। "

शिक्षा के संदर्भ में दीनदयालजी कहते हैं, "शिक्षा जितनी अधिक व्यापक और गहरी होगी, उतनी ही समाज के लिए गांभीर्य-प्रदायक तथा पोषक होगी। शिक्षा रूपी पूँजी अर्जित करके मनुष्य कर्मक्षेत्र में उतरकर नए आयाम स्थापित कर सकता है। इसकी वृद्धि के लिए उसे अथक प्रयत्नों और अनुभवों का सहारा लेना चाहिए। संस्कार, अध्यापन और स्वाध्याय- शिक्षा के मुख्यतः ये तीन माध्यम हैं। मनुष्य की शिक्षा का प्रारंभ उन संस्कारों द्वारा होता है, जो उसे बचपन से अपने परिवार एवं समाज द्वारा प्राप्त होते हैं। इसमें समाज का प्रत्येक व्यक्ति एक शिक्षक की भाँति कार्य करता है। माता, पिता, गुरुजन, भाई, बहन, मित्र, रिश्तेदार, सहपाठी समय-समय पर मानव के हृदय में विभिन्न प्रकार के संस्कारों के बीज बोते रहते हैं।

"अध्यापन शिक्षा-प्राप्ति का दूसरा महत्त्वपूर्ण साधन है। इसमें सामान्य अक्षर-ज्ञान से लेकर पाठ्य-पुस्तकों के अध्ययन तक का क्षेत्र सम्मिलित किया जाता है। इसके अंतर्गत वे क्रियाएँ आती हैं, जिनके द्वारा कोई व्यक्ति या व्यक्ति-समूह किसी अन्य को ज्ञान देने का चेतनापूर्ण प्रयास करता है। 'स्वाध्याय' से तात्पर्य मनुष्य के स्वयं के अध्यापन से है। इसके अंतर्गत पठन-पाठन-चिंतन द्वारा मनुष्य ज्ञान को आत्मसात् करता है। स्वाध्याय द्वारा ही मनुष्य ज्ञान को स्थिर रखते हुए उसमें निरंतर बढ़ोतरी करता है। "

दीनदयालजी ने स्वभाषा के विषय में कहा, "शिक्षा का माध्यम मनुष्य की स्वभाषा ही होनी चाहिए। इससे वह अलग-अलग प्रकोष्ठों में विभाजित नहीं होता।"

धर्म – सदियों से धर्म की तुलना पूजा-उपासना की पद्धति से की जाती है। यही कारण है कि विभिन्न जातियों की पृथकता दर्शाने के लिए 'धर्म' शब्द का प्रयोग किया जाता है। लेकिन धर्म की यह व्याख्या अपूर्ण और अस्पष्ट है। अंग्रेजी भाषा में धर्म को 'रिलीजन' कहकर चित्रित किया जाता है। इससे न केवल धर्म का मूल स्वरूप छिन्न- भिन्न हो जाता है, अपितु राष्ट्र-जीवन में भी अनेक समस्याएँ उत्पन्न हो जाती हैं।

समाज – समाज के संदर्भ में हम उसके प्रादुर्भाव, वास्तविक स्वरूप, विकास जैसे महत्त्वपूर्ण प्रश्नों की अनदेखी कर देते हैं। समाज का अर्थ क्या है, इसका आरंभ कब और कहाँ हुआ-ऐसे प्रश्नों पर कभी ध्यान नहीं दिया गया। इसके विपरीत 'समाज' के समक्ष

अंग्रेजी के 'सोसाइटी' शब्द को रखकर हमने इस ओर से आँखें मूंद लीं, जबकि इनके मूल स्वरूप, उत्पत्ति और विकास में अंतर है।

संस्कृति – भारतीय संस्कृति के वर्तमान स्वरूप की चर्चा करते हुए दीनदयालजी कहते हैं कि आजकल नाच-गाने, थिएटर, सिनेमा या अन्य मनोरंजक कार्यक्रमों को संस्कृति माना जाता है। विदेशों में भारतीय संस्कृति का प्रचार-प्रसार करने वाले शिष्टमंडलों में भी इसी तरह के कलाकार सम्मिलित होते हैं। अब प्रश्न उठता है कि क्या यही मूल भारतीय संस्कृति है? सदियों से भारतीय मनीषियों द्वारा संस्कृति के जिस स्वरूप की व्याख्या की जा रही है, क्या वह यही है? निस्संदेह इसका जवाब 'नहीं' होगा। लेकिन फिर भी मनोरंजक कार्यक्रमों को संस्कृति मान लिया गया है। ऐसा केवल 'संस्कृति' से संबंधित अस्पष्ट विचारों के कारण है।

जो संबंध शरीर और आत्मा का है, वही परस्पर संबंध राष्ट्र और संस्कृति का है। यदि राष्ट्र शरीर है तो संस्कृति उसकी आत्मा है। संस्कृति-विहीन राष्ट्र की तुलना आत्मारहित मृत शरीर से की जाती है। राष्ट्र में होनेवाली विभिन्न क्रियाओं का उसके अस्तित्व पर कोई प्रभाव नहीं पड़ता। लेकिन यदि संस्कृति समाप्त हो जाए तो राष्ट्र को भी नष्ट हुआ समझना चाहिए। जब किसी राष्ट्र के नष्ट होने की बात कही जाती है तो उसका मतलब यह नहीं है कि वहाँ के सभी निवासी मारे गए या भूमि अपने स्थान से हट गई। इसका अर्थ वहाँ की संस्कृति के नष्ट या लुप्त होने से होता है।

चिति – पंडित दीनदयाल उपाध्याय जी चिति का वर्णन किया कि "राष्ट्र के प्रति भक्ति तथा अपने राष्ट्र के जनसमूह के प्रति सहानुभूति की भावना का मूल कारण न तो हमारी स्वार्थों की एकता है और न शत्रुत्व या मित्रत्व ही। हमारी देशभक्ति तो अपने राष्ट्र के संपूर्ण जनमानस के प्रति एक ममत्व की भावना के कारण है, जो कि एकात्मकत्व का परिणाम है। व्यक्ति की आत्मा के समान ही राष्ट्र की भी आत्मा होती है। इसी के परिणामस्वरूप राष्ट्र में एकात्मता फूटती है। राष्ट्र की इस आत्मा को हमारे शास्त्रकारों ने चिति कहा है। चिति राष्ट्रत्व का परिचायक है। यह राष्ट्र के निवासियों की संस्कृति, साहित्य और धर्म में व्यक्त होती है। चिति की एकता से ही परंपरा, इतिहास और सभ्यता का निर्माण होता है। चिति के प्रकाश से राष्ट्र का अभ्युदय तथा चिति के विनाश से राष्ट्र का विनाश होता है।

चिति का आधार न होने पर राष्ट्रीयता का रचनात्मक स्वरूप कभी सुदृढ़ नहीं होता।"

धर्मराज्य – धर्मराज्य की परिकल्पना करते हुए दीनदयालजी कहते हैं, "इसमें भूमि की एकता, अखंडता और उसके प्रति श्रद्धा का भाव विद्यमान रहेगा। लोकाराधन धर्मराज्य का एकमेव उद्देश्य रहेगा।

धर्मनीति मूलतः लोकनीति होगी। सांस्कृतिक दृष्टि से सभी धर्म एकात्मवादी हैं। इसलिए पृथकतावाद के लिए यहाँ कोई स्थान नहीं होगा।"

दीनदयालजी के मतानुसार, "धर्म धारणा से है। धर्म शरीर की धारणा के लिए है और शरीर की धारणा के नियम समय व स्थिति के अनुसार निरंतर बदलते रहते हैं। इनमें स्थायित्व का अभाव है, लेकिन शरीर में बुद्धि और मन भी हैं, जिनकी धारणा होनी चाहिए। इनमें परस्पर तालमेल होना भी आवश्यक है। यह कार्य धर्म द्वारा ही होता है। सामंजस्य के कारण ही ये एक साथ मिलकर कार्य करते हैं।

यदि सामंजस्य का अभाव होगा तो अनेक बाधाएँ उत्पन्न हो जाएँगी। इसी प्रकार राष्ट्र और मानव समाज के बीच में सामंजस्य होना चाहिए। सारा समाज नष्ट हो जाए और राष्ट्र ऊँचा बना रहे, यह भावना भी हमें अपेक्षित नहीं है। जहाँ-जहाँ भी मानव-समाज की उपेक्षा करके राष्ट्रगत स्वार्थ का विचार हुआ, वहाँ-वहाँ राष्ट्र और मानव समाज के बीच खाई निरंतर बढ़ती गई। प्रकृति के साथ भी किसी-न-किसी प्रकार सामंजस्य बिठाना आवश्यक है।

उसमें व्याप्त आनंद और उल्लास हमारे जीवन में भी पैदा हो, प्रकृति के साथ हमारा ऐसा संबंध होना चाहिए। हमारे और हमारे नाते-रिश्तेदारों के बीच सामंजस्य बिठाने का कार्य भी धर्म ही करता है। क्षमा, अस्तेय (चोरी न करना), शौच, इंद्रिय-निग्रह, सत्य, बुद्धि, विद्या आदि हिंदू धर्म के लक्षण हैं। इनके द्वारा ही धर्म चलता है। इसलिए इसके आधार पर ही हमें कार्य करना चाहिए।"

इस प्रकार राष्ट्र, राज्य, धर्म, समाज, शिक्षा, लोकतंत्र, राष्ट्रभाषा, धर्मराज्य आदि विभिन्न क्षेत्रों से संबंधित पं. दीनदयालजी के अमूल्य दार्शनिक विचार भाषणों एवं लेख-रूप में समय-समय पर राष्ट्र एवं समाज का मार्गदर्शन करते रहे। उन्होंने न केवल समस्याओं का गहराई और सूक्ष्मता से अध्ययन किया, अपितु उनके समाधान के लिए

तर्कसंगत उपाय भी प्रस्तुत किए। यही कारण है कि उनके जीवन-दर्शन से आज भी लाखों-लाख लोग प्रेरणा पा रहे हैं। उनका साहित्य मानवता रहने तक समाज और राष्ट्र को सदैव मार्गदर्शित करता रहेगा।

पंडित दीनदयाल उपाध्याय जी के प्रेरणादायक विचार

हमारी राष्ट्रीयता का आधार भारत माता हैं, केवल भारत ही नहीं। माता शब्द हटा दीजिये तो भारत केवल जमीन का टुकड़ा मात्र बनकर रह जायेगा।

-पं. दीनदयाल उपाध्याय

व्यक्ति को वोट दें, बटुए को नहीं, पार्टी को वोट दें, व्यक्ति को नहीं; सिद्धांत को वोट दें, पार्टी को नहीं। -पं. दीनदयाल उपाध्याय

नैतिकता के सिद्धांतों को कोई एक व्यक्ति नहीं बनाता है, बल्कि इनकी खोज की जाती है। - पं. दीनदयाल उपाध्याय

भारत में नैतिकता के सिद्धांतों को धर्म के रूप में माना जाता है यानि जीवन के नियम। -पं. दीनदयाल उपाध्याय

जब स्वभाव को धर्म के सिद्धांतों के अनुसार बदला जाता है, तो हमें संस्कृति और सभ्यता प्राप्त होते हैं। -पं. दीनदयाल उपाध्याय

यह जरुरी है कि हम 'हमारी राष्ट्रीय पहचान' के बारे में सोचते हैं, जिसके बिना आजादी' का कोई अर्थ नहीं है। -पं. दीनदयाल उपाध्याय

अपने राष्ट्रीय पहचान की उपेक्षा भारत के मूलभूत समस्याओं का प्रमुख कारण है। -पं. दीनदयाल उपाध्याय

जब अंग्रेज हम पर राज कर रहे थे, तब हमने उनके विरोध में गर्व का अनुभव किया, लेकिन हैरत की बात है कि अब जबकि अंग्रेज चले गए हैं, पश्चिमीकरण प्रगति का पर्याय बन गया है।   — पं. दीनदयाल उपाध्याय

पश्चिमी विज्ञान और पश्चिमी जीवन शैली दो अलग-अलग चीजें हैं. चूंकि पश्चिमी विज्ञान सार्वभौमिक है और हम आगे बढ़ने के लिए इसे अपनाना चाहिए, लेकिन पश्चिमी जीवनशैली और मूल्यों के सन्दर्भ में यह सच नहीं है।
                                        —पं. दीनदयाल उपाध्याय

पिछले 1000 वर्षों में जबरदस्ती या अपनी इच्छा से, चाहे जो कुछ भी हमने ग्रहण किया है - अब उसे खारिज नहीं किया जा सकता।   —पं. दीनदयाल उपाध्याय

आजादी सार्थक तभी हो सकती है जब यह हमारी संस्कृति की अभिव्यक्ति का साधन बन जाए।   —पं. दीनदयाल उपाध्याय

मानवीय और राष्ट्रीय दोनों तरह से, यह आवश्यक हो गया है कि हम भारतीय संस्कृति के सिद्धांतों के बारे में सोचें।   —पं. दीनदयाल उपाध्याय

भारतीय संस्कृति की मूलभूत विशेषता है कि यह जीवन को एक एकीकृत रूप में देखती है।   —पं. दीनदयाल उपाध्याय

जीवन में विविधता और बहुलता है लेकिन हमने हमेशा उनके पीछे छिपी एकता को खोजने का प्रयास किया है।   —पं. दीनदयाल उपाध्याय

हेगेल ने थीसिस, एंटी थीसिस और संश्लेषण के सिद्धांतों को आगे रखा, कार्ल मार्क्स ने इस सिद्धांत को एक आधार के रूप में इस्तेमाल किया और इतिहास और अर्थशास्त्र

के अपने विश्लेषण को प्रस्तुत किया, डार्विन ने योग्यतम की उत्तरजीविता के सिद्धांत को जीवन का एकमात्र आधार माना; लेकिन हमने इस देश में सभी जीवों की मूलभूत एकात्म देखा है।

-पं. दीनदयाल उपाध्याय

बीज की एक इकाई विभिन्न रूपों में प्रकट होती है जड़ें, तना, शाखाएं, पत्तियां, फूल और फल। इन सबके रंग और गुण अलग-अलग होते हैं. फिर भी बीज के द्वारा हम इन सबके एकत्व के रिश्ते को पहचान लेते हैं।

-पं. दीनदयाल उपाध्याय

धर्म के मौलिक सिद्धांत अनन्त और सार्वभौमिक हैं. हालांकि, उनके कार्यान्वयन का समय और स्थान परिस्थितियों के अनुसार भिन्न हो सकती है।

-पं. दीनदयाल उपाध्याय

धर्म के लिए निकटतम समान अंग्रेजी शब्द 'जन्मजात कानून' हो सकता है. हालाँकि यह भी धर्म के पूरा अर्थ को व्यक्त नहीं करता है. चूँकि धर्म सर्वोच्च है, हमारे राज्य के लिए आदर्श 'धर्म का राज्य' होना चाहिए।

-पं. दीनदयाल उपाध्याय

शक्ति अनर्गल व्यवहार में व्यय न हो बल्कि अच्छी तरह विनियमित कार्रवाई में निहित होनी चाहिए।

-पं. दीनदयाल उपाध्याय

मुसलमान हमारे शरीर का शरीर और हमारे खून का खून हैं।

- पं. दीनदयाल उपाध्याय

विविधता में एकता और विभिन्न रूपों में एकता की अभिव्यक्ति भारतीय संस्कृति की विचारधारा में रची- बसी हुई है।

-पं. दीनदयाल उपाध्याय

संघर्ष सांस्कृतिक स्वभाव का एक संकेत नहीं है बल्कि यह उनके गिरावट का एक

लक्षण है।   –पं. दीनदयाल उपाध्याय

मानव प्रकृति में दोनों प्रवृत्तियां रही हैं एक ओर क्रोध और लालच तो दूसरी ओर प्रेम और बलिदान।   –पं. दीनदयाल उपाध्याय

यहाँ भारत में, व्यक्ति के एकीकृत प्रगति को हासिल के विचार से, हम स्वयं से पहले शरीर, मन, बुद्धि और आत्मा की चौगुनी आवश्यकताओं की पूर्ति का आदर्श रखते हैं।
–पं. दीनदयाल उपाध्याय

धर्म, अर्थ, काम और मोक्ष (मानव प्रयास के चार प्रकार) की लालसा व्यक्ति में जन्मगत होता है और इनमें संतुष्टि एकीकृत रूप से भारतीय संस्कृति का सार है।
–पं. दीनदयाल उपाध्याय

जब राज्य में समस्त शक्तियां समाहित होती हैं राजनीतिक और आर्थिक दोनों – परिणामस्वरुप धर्म की गिरावट होता है।   –पं. दीनदयाल उपाध्याय

रिलिजन का मतलब एक पंथ या संप्रदाय है और इसका मतलब धर्म तो कतई नहीं।
–पं. दीनदयाल उपाध्याय

धर्म एक बहुत व्यापक अवधारणा है जो समाज को बनाए रखने के जीवन के सभी पहलुओं से संबंधित है।   –पं. दीनदयाल उपाध्याय

एक राष्ट्र लोगों का एक समूह होता है जो एक लक्ष्य', 'एक आदर्श', 'एक मिशन' के साथ जीते हैं और एक विशेष भूभाग को अपनी मातृभूमि के रूप में देखते हैं. यदि आदर्श या मातृभूमि दोनों में से किसी का भी लोप हो तो एक राष्ट्र संभव नहीं हो सकता।   –पं. दीनदयाल उपाध्याय

पंडित दीनदयाल उपाध्याय जी पर प्रधानमंत्री श्री मोदी जी के विचार

प्रधानमंत्री श्री नरेन्द्र मोदी जी द्वारा पंडित दीनदयाल उपाध्याय जी की 53वीं पुण्यतिथि 'समर्पण दिवस' पर आयोजित कार्यक्रम में संबोधन के मुख्य बिंदु –

जहां भी मानवता की सेवा का प्रश्न होगा, मानवता के कल्याण की बात होगी, पंडित दीनदयाल उपाध्याय जी के एकात्म मानव दर्शन का सिद्धांत सदैव प्रासंगिक रहेगा। मैं महान देशभक्त एवं एकात्म मानववाद के प्रणेता पंडित दीनदयाल उपाध्याय जी को शत-शत नमन करते हुए अपनी भावभीनी श्रद्धांजलि समर्पित करता हूँ।

हम जैसे-जैसे दीनदयाल जी के बारे में सोचते हैं, बोलते हैं, सुनते हैं, हर बार उनके विचारों में हमें एक नवीनता का अनुभव होता है। 'एकात्म मानव दर्शन' का उनका विचार मानव मात्र के लिए था। इसलिए जहां भी मानवता की सेवा का प्रश्न होगा, मानवता के कल्याण की बात होगी, पंडित दीनदयाल उपाध्याय जी के एकात्म मानव दर्शन का सिद्धांत सदैव प्रासंगिक रहेगा। हमारे यहाँ कहा जाता है कि "स्वदेशे पूज्यते राजा, विद्वान सर्वत्र पूज्यते" अर्थात, सत्ता की ताकत से आपको सीमित सम्मान ही मिल सकता है। जहां सत्ता की ताकत प्रभावी होगी वहीं सम्मान मिलेगा लेकिन विद्वान का सम्मान हर जगह होता है। पंडित दीनदयाल उपाध्याय जी इस विचार के साक्षात उदाहरण हैं।

पंडित दीनदयाल जी का मानना था कि एक सबल राष्ट्र ही विश्व को योगदान दे सकता है। यही संकल्प आज आत्मनिर्भर भारत की मूल अवधारणा है। इसी के बल पर देश आत्मनिर्भरता के रास्ते पर आगे बढ़ रहा है।

कोरोनाकाल में देश ने अंत्योदय की भावना को सामने रखा और अंतिम पायदान पर खड़े हर गरीब की चिंता की। आत्मनिर्भरता की शक्ति से देश ने एकात्म मानव दर्शन को भी सिद्ध किया, पूरी दुनिया को दवाएं पहुंचाई और आज हम वैक्सीन पहुंचा रहे हैं।

पंडित दीनदयाल जी कहते थे कि हमें सिर्फ खाद्यान्न में ही नहीं बल्कि शास्त्रों और

विचार के क्षेत्र में भी भारत को आत्मनिर्भर बनाना होगा। 1965 में भारत-पाक युद्ध के दौरान भारत को विदेशों से हथियारों पर निर्भर होना पड़ा था लेकिन आज रक्षा के क्षेत्र में भी भारत आत्मनिर्भर बन रहा है।

आज भारत की विदेश नीति दबाव और प्रभाव से मुक्त होकर, राष्ट्र प्रथम के नियम से चल रही है। लोकल इकॉनमी पर पंडित दीनदयाल जी का विजन इस बात का प्रमाण है कि उनकी सोच कितनी व्यापक थी। आज 'वोकल फॉर लोकल' के मंत्र से देश इसी विजन को साकार कर रहा है।

आज आत्मनिर्भर भारत अभियान देश के गाँव-गरीब, किसान, मजदूर और मध्यम वर्ग के भविष्य निर्माण का माध्यम बन रहा है। हमें गर्व है कि हमारी विचारधारा देशभक्ति को ही अपना सब कुछ मानती है। हमारी विचारधारा राष्ट्र प्रथम, NATION FIRST की बात करती है। जो निर्णय देश में बहुत कठिन माने जाते थे, राजनीतिक रूप से मुश्किल माने जाते थे, हमने वे सभी निर्णय लिए, सबको साथ लेकर लिए और इन्हें सफलतापूर्वक लागू किया। हमारे दल अलग हो सकते हैं, विचार अलग हो सकते हैं, चुनाव में पूरी शक्ति से एक दूसरे के खिलाफ लड़ते हैं लेकिन हम अपने राजनीतिक विरोधियों का भी सम्मान करते हैं। राजनीतिक अस्पृश्यता का विचार हमारा संस्कार नहीं है। हाँ, ये बात अवश्य है कि हमारी पार्टी में वंशवाद को नहीं, कार्यकर्ता को महत्व दिया जाता है।

राष्ट्र निर्माण के लक्ष्य के प्रति समर्पित एवं संकल्पित लोग देश के लिये तो मूल्यवान होते ही हैं, किसी भी संगठन के लिए भी उतने ही मूल्यवान होते हैं। हमारे संगठन के 'quantitative' और 'qualitative' विस्तार का भी यह सही अवसर है। कार्यकर्ता पंडित दीनदयाल जी, बाबा साहब भीमराव अंबेडकर, नेता जी सुभाष चंद्र बोस, गुरुवर रबीन्द्रनाथ टैगोर, डॉ श्यामा प्रसाद मुखर्जी जैसे महापुरुषों के बारे में अवश्य जरूर पढ़ें। इससे आपके राजनैतिक जीवन में एक नई दिशा मिलेगी और आप समाज में एक अलग छाप छोड़ पाएंगे।

राष्ट्रभक्ति ले हृदय में, हो खडा यदि देश सारा,

संकटों पर मात कर, यह राष्ट्र विजयी हो हमारा।

सन्दर्भ सूची

- दीनदयाल उपाध्याय (सम्पूर्ण वांग्मय खंड), प्रभात प्रकाशन, नई दिल्ली।

- राष्ट्र चिंतन, पंडित दीनदयाल उपाध्याय, राष्ट्र जीवन की समस्याएं, लोकहित प्रकाशन, लखनऊ।

- एकात्म मानववाद के प्रणेता दीनदयाल उपाध्याय, प्रभात प्रकाशन, नई दिल्ली।

- भारतीय अर्थनीति : विकास की एक दिशा, दीनदयाल उपाध्याय, राष्ट्रधर्म प्रकाशन, लखनऊ।

- मै दीनदयाल उपाध्याय बोल रहा हूं, प्रतिभा प्रतिष्ठान, नई दिल्ली।

- आधुनिक भारत के चाणक्य पंडित दीनदयाल उपाध्याय, डॉ. रमेश पोखरिया, डायमंड बुक्स, नई दिल्ली।

- पंडित दीनदयाल उपाध्याय को जानो, पंडित दीनदयाल उपाध्याय स्मृति समारोह समिति, जयपुर।

- https://deendayalhindividyapeeth.com

- https://vidyabharti.net/blog/bharatiya-education-views-pandit-deendayal-upadhyay

- https://deendayalupadhyaysmriti.org/

पंडित दीनदयाल उपाध्याय स्मृति संस्थान, पिलानी

दीनदयाल उपाध्याय की स्मृति में जारी डाकटिकट

वर्तमान में पिलानी शहर में स्थिति बिरला स्कूल जहाँ से पंडित दीनदयाल उपाध्याय जी ने इंटरमीडिएट की परीक्षा में बोर्ड में प्रथम स्थान प्राप्त किया।

वर्तमान में सीकर शहर में स्थिति श्री कल्याण हाईस्कूल जहाँ से पंडित दीनदयाल उपाध्याय जी ने दसवीं की परीक्षा में बोर्ड में प्रथम स्थान प्राप्त किया।